Miniature Gardens

多肉植物とドライフラワー

ミニチュアガーデン

くるみガーデン くるみ*

SHUFUNOTOMOSHA

Introduction

インテリアが大好きだった私は、
室内の DIY をしていましたが、
やがて窓から見える庭に
夢中になっていきます。
現在ほど SNS が発達していなかったころ、
すてきなお庭が掲載されている本を
夢中になって読み、ときには庭園や
オープンガーデンに足を運んだり、
自宅でも庭作りを楽しんでいました。
そして「小さな世界」や「ガーデン」が
大好きなことから、
小さな箱庭を作るようになりました。

この本では、
私が作ってきたいろいろな箱庭や
箱庭に欠かせないミニチュアグッズの作り方を
できるだけていねいに紹介しています。
箱庭ができあがるまでの工程も楽しみながら、
自分だけの小さな世界を作ってみてください。
ひとりでも多くの方に
「くるみガーデン」の世界を
楽しんでいただけたら幸せです。

くるみガーデン くるみ*
Kurumi* garden

多肉植物とドライフラワーの
ミニチュアガーデン

Contents

本書の使い方

Chapter1で紹介している作品の中で、作りやすいものを取り上げてChapter2とChapter3で作り方を説明しています。作り方のページには難易度と制作にかかる所要時間を表示しています。Chapter4では、おすすめの多肉植物やサボテン、ユーフォルビアと木の実、ドライフラワーを解説しました。Chapter5では、かわいいミニチュアグッズの作り方を説明しています。
植物のデータは関東の平野部以西を基準としています。工具や材料、イベントやオンラインショップなどの情報は2023年3月現在のものです。

Chapter 1

ようこそ
ミニチュアガーデンの世界へ

多肉植物やサボテン、
ドライフラワーを
木や草花に見立てて作った、
小さな鉢植えや寄せ植え、
かわいい箱庭たちを
ご紹介します。

はじめての人でも作りやすい、
箱庭風の寄せ植えです。

1 手のひらサイズの小さな花壇

プリンカップに多肉植物を
植えてミニチュアの小物を
使い、小さな花壇に見立
てています。白いフェンスの
ある小さな花壇には、ちょ
うちょうたちが楽しそうに遊
んでいます。手のひらにちょ
こんとのるサイズも魅力。

作り方 * 34ページ

Size * プリンカップの外形

直径約55mm

Scale
約
1/100

高さ
約50mm

アルミのプリンカップの底に
水抜き穴をあけて、多肉
植物が育ちやすいようにし
ています。

Miniature Gardens

2

ふたつきの小さな缶の中にレジンの湖を置き、
森に囲まれた町を作りました。

湖のある小さな町

小さなブリキ缶のふたを
あけると、澄んだ湖の周
りに広がる町並みがあり
ます。この町に住む人々
は、小さな湖や森をとて
も大切にしている……そ
んなストーリーを思い浮か
べながら作った箱庭です。

作り方 ＊ 44 ページ

Scale 約 1/1000

奥行き
約60 mm

幅約95 mm

高さ
約75 mm

Size ＊ ブリキ缶の外形

ブリキ缶に水抜き
穴をあけてふたの
内側にラベルを貼
り、サビ止め塗料
を塗ってから使い
ます。

トゲや形がおもしろいサボテンは、
小さな器に植えると、とてもかわいらしく見えます。

サボテンをミニカップに植えて

サボテンはトゲの色や生え方、フォルムが個性的で、いろいろな種類を集めたくなります。日の当たり方でトゲが太くなったり、毛が濃くなったりするので、どんなふうに育つのかを観察するのも楽しみです。

作り方＊30ページ

Ⓐ ギムノカリキウム 麗蛇丸
Ⓑ オプンチア バニーカクタス
Ⓒ マミラリア 姫春星
Ⓓ パロディア 金晃丸
Ⓔ オプンチア ゴールデンバニー
Ⓕ オプンチア バニーカクタス

Size＊プリンカップの外形

直径約60㎜

高さ約55㎜

アルミのプリンカップの底に水抜き穴をあけて、多肉植物が育ちやすいようにしています。

Miniature Gardens

サボテンに木の実を飾ると、
ナチュラルなイメージになり、かわいらしさがアップします。

4 スイーツみたいなサボテンカップ

ドングリの傘帽子(殻斗)は、サボテンの頭にのせてあげるとベレー帽のようです。クルミの殻や赤い木の実をちょこんとサボテンの横に置いてあげるだけで、童話の世界を表現した寄せ植えになります。

作り方＊32ページ

1 Ⓐ マミラリア ダシアカンサ
　 Ⓑ エスポストア 白楽翁
　 ⓐ ナンテンの実

2 Ⓐ アウストロケファロセレウス
　　 ディボスキー
　 Ⓑ オプンチア ゴールデンバニー
　 Ⓒ ギムノカリキウム ペンタカンサ
　 ⓐ ドングリ
　 ⓑ ドングリの傘帽子
　 ⓒ ヒメグルミの殻とプッカポッド

3 Ⓐ オプンチア ゴールデンバニー
　 Ⓑ パロディア マグニフィカス
　 Ⓒ マミラリア 明日香姫

Size＊プリンカップの外形

直径約60mm

高さ約55mm

アルミのプリンカップの底に水抜き穴をあけて、多肉植物が育ちやすいようにしています。

カラフルなサボテンを小人の住む丘に見立て、
ピックやフェンスで楽しい箱庭に。

サボテン farmの丘の小さな家

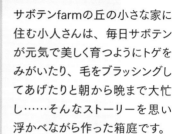

サボテンfarmの丘の小さな家に
住む小人さんは、毎日サボテン
が元気で美しく育つようにトゲを
みがいたり、毛をブラッシングし
てあげたりと朝から晩まで大忙
し……そんなストーリーを思い
浮かべながら作った箱庭です。

作り方＊36ページ

**Scale
約
1/1000**

Size＊デザートカップの外形

直径約77mm

高さ
約35mm

アルミのデザートカッ
プの底に水抜き穴
をあけて、多肉植
物が育ちやすいよう
にしています。

Miniature Gardens

6

ミニボトルの小さなガーデン

ガラスの小瓶の中に作った、
指の先でつまめるほど小さなガーデンです。

ミニボトルの中の小道を歩いていく
と、かわいい花や草がいっぱいの
ガーデンが見えます。裏庭に秘密
の花園があって、ちょうちょうも遊
びに来ています。ガーデニングが
大好きな人が住む、夢のガーデン
を詰め込んでみました。

作り方＊62ページ

Size＊ガラスのボトルの外形

直径約35mm

Scale
約
1/1000

高さ
約42mm

ビーズなどを入れるガラスの小瓶を
使用。コルクのふたでしたが、上
からの光も通して明るくしたかった
ので、レジンでオリジナルのふたを
作りました。

7 ドライフラワーのミニリース

小人さんの作るリースに見立てた、
手のひらサイズのドライフラワーリースです。

小人さんは森や野原で集めて
きた花や木の実を使って、リー
ス作りをするのが大好き。ミツ
バチからもらったハチミツでロウ
ソクを作ってキャンドルリースに
したりと、手作りのある暮らし
を楽しんでいます。

作り方＊60ページ

Size＊リースの外形

Scale
約
1/12

※こちらはドール
ハウスサイズの
作品になります

直径約35㎜

厚み約7㎜

アートフラワーワイヤ（地巻き
ワイヤ）でリース台を作り、ベ
ースにモスを巻いてドライフラ
ワーと木の実を飾ります。

Miniature Gardens

繊細な小花のドライフラワーを束ねて作った小さなスワッグを、
アトリエに飾ります。

8 小人さんの小さなスワッグとアトリエ

Size＊スワッグの外形

幅約25mm

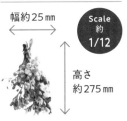

高さ
約275mm

Scale
約
1/12

カスミソウやシャワーグラスな
どの小さくて繊細なドライフラ
ワーを使います。

小人さんは、森で摘んできた花
をアトリエでドライフラワーにして
スワッグやリースを作り、漆喰の
壁に飾っています。キャビネット
にはお手製のドールハウスや宝
物の木の実が置かれています。
小人さんの楽しい暮らしを想像
してアトリエと小物を作りました。

作り方＊58ページ

幅約385mm

Scale
約
1/12

高さ約
275
mm

Size＊ハウスの外形

ドライフラワーのミニリースや
スワッグをディスプレイするた
めのハウスです。

15

ヒメグルミの殻の上に、超ミニミニハウスピックや
ドライフラワーで作ったガーデン。

9 くるみの殻のミニチュアガーデン

ハート形の殻が、なんとも
いえずかわいいヒメグルミ。
「パカッと割ったら、中から
小さなお庭があらわれまし
た！」というイメージで小さ
な庭を表現してみました。
ヒメグルミはとても気に入っ
ているので、くるみガーデ
ンのアイコンにしています。

作り方＊65ページ

Kurumi garden

**Scale
約
1/1000**

奥行き
約28mm

幅約48mm

Size＊ヒメグルミをつなげた外形

ヒメグルミの殻を互い違い
につなげ、上向きのほうの
殻にモスやグリーンのパウ
ダーで土台を作ります。

Miniature
Gardens

10 多肉植物の手のひらガーデン

生きた多肉植物を植え込んだ、成長する箱庭です。
夢が詰まった、小さな世界です。

生きている小さめの多肉植物を、ちょっと大きめのプリンカップに植えつけた、小さな箱庭です。日当たりのよい場所に置き1週間に1〜2回、水やりします。植物は成長するので、伸びてきたら切り戻したりして、お手入れしましょう。

作り方＊38ページ

Size＊プリンカップの外形

直径約77mm

Scale
約
1/100

高さ
約32mm

大きめのプリンカップの底に水抜き穴をあけて、多肉植物が育ちやすいようにしています。

Echidna Jinさんによる雲のピックとコラボした、
多肉植物の箱庭です。

11 赤ちゃん雲とガーデンパーティー

ガーデンパーティーの日は切り株のテーブルでランチを食べて、ちょうちょうのガーランドを飾ります。楽しそうなパーティーの様子が気になって、赤ちゃん雲が遊びにきました。庭の花たちもうれしそうです。

Echidna Jin
(Plants artist Keiji Jinnouchi)

アートプランター作家。デザインから原形制作、塗装など、すべて手作りで行っています。

Twitter　@echidna_jin
Instagram @echidna_jin

Size＊コンテナ+ピックの外形

← 直径約110㎜ →

スチール製トールカップは底に水抜き用の穴があり、多肉植物が育ちやすいようになっています。

Scale
約
1/100

高さ約220㎜
（ピックの頂点まで）

Miniature Gardens

12

加藤孝幸さん（Piece of Mind）に
アイディアをいただいて生まれた、コラボの小さなガーデンです。

サボテンと多肉植物のミニチュアワールド

プールガーデン

丸いプールみたいな形の器の
中に小さな町があります。裏
には森があり、サボテンを果
樹に見立てて植えています。

ウエーブガーデン

ぐるっと一周、ウエーブ形の
器に、果樹に見立てたサボ
テンや葉が小さな多肉植物
を植えて、ミニチュアのガーデ
ンを作っています。

Size ＊ ウェーブガーデンの外形

直径約30mm

Scale
約
1/1000

↑ 高さ
↓ 約19mm

アイアン製のオリジナルの鉢は、小
さくても重いので倒れにくいです。
底に水抜き穴があります。
参考＊プールガーデン：直径約55mm、
高さ約19mm

> **加藤孝幸（Piece of Mind）**
>
> モルタル造形作家。ミニチュアやガーデンデザ
> インなど幅広い分野で活躍している。
>
> https://piece-of-mind.co.jp
> Instagram @takayuki_katoh

ケーキを焼くアルミ製の型を白く塗り、
底に穴をあけて箱庭に使いました。

13 白いコテージガーデン

のどかな田園にある、花と緑の
美しい庭をイメージした、多肉
植物の箱庭です。切り株のテー
ブルと椅子があり、庭の木々の
中では小鳥たちのさえずりが聞こ
えてきそう。花壇にはちょうちょう
も遊びに来ています。

作り方 ＊ 41 ページ

Scale
約
1/100

← 直径約160㎜ →

Size ＊ ケーキ型の外形

アルミのケーキ型の底に穴をあ
けて、多肉植物が育ちやすい
ようにしています。

↕ 高さ約45㎜

Miniature
Gardens

パウンドケーキ型の箱庭に、
木の実のトッピングでかわいらしさをアップして。

14 赤いとんがり屋根の小人のおうち

植物が大好きな小人さんが住んでいる、
赤いとんがり屋根のおうちがある庭に見
立てた箱庭です。おうちの隣にあるドング
リの貯蔵庫には、森で集めた木の実や
食べ物がたくさん入っています。アーチに
つるした木の実はベルに見立て、カラン
コロンとすてきな音色を奏でます。

作り方＊48ページ

Scale 約 1/100

幅約190 mm

奥行き
約90 mm

Size＊パウンドケーキ型の外形
アルミのパウンドケーキ型の底に
水抜き穴をあけて、多肉植物が
育ちやすいようにしています。

高さ約58 mm

21

ガラスのティーポットの中に、
ドライフラワーで小さなガーデンを作りました。

15 ローズガーデンのティーパーティー

白いアーチをくぐり抜ける
と森のガーデンパーティ
ーの始まりです。バラの
香りに包まれながら、紅
茶に庭のキイチゴや花を
入れてフレーバーティーを
楽しんだり、庭の果実を
使ったケーキを食べて過
ごす……そんな情景をつ
くってみました。

作り方＊68ページ

**Scale
約
1/100**

左右の幅約190㎜
（取っ手と注ぎ口を含む）

高さ
約120㎜

Size＊ティーポットの外形

裏側に開口部がある、
ディスプレイ用のガラ
ス製のティーポットを
使っています。裏の開
口部から作成します。

Miniature Gardens

ベル形のガラスケースの中に、
小川が流れるミニチュアガーデンを作りました。

16 ガラスのベルのミニガーデン

小高い丘の上にかわいい家が2軒並んで
立っています。周りに野の花がたくさん咲き、
さらさらと小川が流れています。小川の縁
でアヒルの親子が鳴く声が聞こえてきそうな
のどかな風景を、ベル形のガラスケースの
中に作りました。

Size＊ガラスケースの外形

直径約45mm

Scale
約
1/1000

高さ
約95mm

底にコルクの台があり、上か
らベル形のガラスケースをかぶ
せています。ガラスケースは手
でははずせます。

エンゼルケーキ型にぐるっとサボテンの花壇を作り、
リース型の箱庭に。

17 教会のサボテンガーデン

もし、世界中から集められたサ
ボテンを、庭で大切に守りなが
ら育てている教会があったら…
と空想しながら作ったリース型
の箱庭です。どのサボテンも肌
色やトゲがとてもきれいに輝い
ています。耳をすませば、賛
美歌が聞こえてきそうです。

Scale
約
1/100

高さ
約50mm

直径約160mm

Size * エンゼルケーキ型の外形

エンゼルケーキ型の底に
数カ所の水抜き穴をあ
けて、サボテンが育ちや
すいようにしています。

Miniature Gardens
18

大きなヴィンテージのホールケーキ型に、
洗濯物の揺れる箱庭を作りました。

洗濯物の揺れる庭でティータイム

森でとってきた木の実が、カゴいっぱいに
入っています。水やりと掃除を終えたら、テ
ーブルでティータイム。花壇の花やちょうちょ
うたちも楽しそうです。……そんな物語を箱
庭に表現しました。作り方＊52ページ

Scale
約
1/20

Size＊ホールケーキ型の外形

↕高さ
約70mm

← 直径約250mm →

大きなヴィンテージ
のホールケーキ型の
底に水抜き穴をあけ
て使っています。

くるみガーデン最大の作品。
「くるみガーデンの箱庭が集まった町」を実現しました。

くるみガーデンの町並み

くるみガーデンの町は自然が豊かで、町の人々も花と緑が大好き。噴水広場でマルシェやフェスティバルが開催されると、みんなで楽しい一日を過ごします。丘の上には森があり、奥に妖精たちが暮らしているといいな……と思い描きながら作りました。

左右約600㎜

高さ約
400㎜

奥行き
約470㎜

Scale
約
1/100

Size＊ジオラマの外形

木枠で台を作り、フローラルフォームで高低差をつけてベースを設置しました。

多肉植物とサボテンで作る
小さな世界

多肉植物やサボテンを木や草花に見立てて、
小さな鉢植えや寄せ植え、
とっておきの箱庭たちを作ってみましょう。
育て方やその後の管理法もご紹介します。

材料と用具

多肉植物・サボテンを植えた箱庭を作るための材料と用具をご紹介します。

用土など

❶日向土　水はけをよくするために鉢底に敷く。
❷多肉植物・サボテンの用土　赤玉土、鹿沼土などをブレンドした水はけのよい用土。
❸ゼオライト　根腐れ防止効果がある。表面に敷くと美観をアップできる。
❹サンゴ砂　箱庭の美観を高める。凝固剤と混合すると固めることができる。

器

アルミやブリキ製のお菓子作りのカップ型やケーキ型などの底に水抜き用の穴をあけて使用すると、小さくてかわいい箱庭になる。

ピンセット

トゲのあるサボテンや多肉植物を数本束ねて植えるのに便利な25㎝の長いタイプ（左）と、小さな多肉植物を植えやすい12.5㎝の短いタイプ（右）があると便利。

土入れ

用土を器に入れたり、サンゴ砂を薄く敷いたりする。

ボウル

苗をポットから抜くときや根鉢をくずすとき、苗を整えるときなどに。

クラフトハサミ

苗を切ったり、ミニチュアグッズの長さを調整するなど。

鉢底ネット

器の底の穴が大きいときに、土が流れ出ないように敷く。

水やり用具

箱庭を作るときは霧吹きや水差しがあると便利。特に霧吹きは箱庭を作る際のサンゴ砂を湿らするときに活躍する。

1/1000 スケールの
超ミニミニハウスピック

1/100 スケールの
ミニミニハウス

ハウスでスケールを使い分けて

多肉植物を庭の木や建物などに見立てたミニチュアの箱庭なので、作品に合わせてスケールを自在に変えている。スケールは、主にハウスの扉の大きさで換算しており、例えば小さな器の場合は、1/1000を使用することが多く、大きな作品には1/100を使っている。

ミニチュアグッズ

箱庭づくりに欠かせないピックやフェンスなどは、イメージに合う色に塗り、紫外線や水で劣化しにくいように耐候性ニスを塗って仕上げる。

❶ 白いウッドフェンス
❷ ちょうちょうピック
❸ くぎのフェンス
❹ 切り株のテーブルセット
❺ 洗濯物ピック
❻ 看板ピック

木の実をかわいく飾る

山から拾ってきた木の実は、洗って煮沸してから乾かして使う。

多肉植物・サボテンの育て方や準備

箱庭に植えた多肉植物やサボテンを健やかに育てるポイントをご紹介します。

置き場所

多肉植物やサボテンは、よく日が当たる風通しがよい場所に置いて育てます。日照が足りないと色がさえず、徒長して形がくずれます。室内の場合は植物育成ライトで日照を補う方法があります。

水やり

植えつけ直後は、底穴から水が流れ出るまで与えます。その後は用土が乾いてからたっぷり与えます。サボテンは上からたっぷりと水やりします。エケベリアは葉のすき間に水がたまらないように気をつけながら水やりをし、水がたまった場合はブロワーなどで飛ばしてあげます。

苗の入手と植えつけの準備

箱庭に植える多肉植物やサボテンは、小さな苗やポット苗が使いやすいです。植えつけるときは1本ずつに分けたり、クラフトハサミで茎を長めに切り、下葉を少しとると植えやすくなります。

サボテンのブラッシング

毛の長いサボテンは、毛にほこりやゴミがたまることがあります。ときどき歯ブラシでブラッシングしてあげるときれいになります。

多肉植物の生育サイクル（春秋型）

箱庭や寄せ植えに使いやすいセダムやエケベリアは、主に春と秋に生育します。

	1月	2月	3月	4月	5月	6月	7月	8月	9月	10月	11月	12月
生育の状態	休眠		生育				休眠		生育			休眠
水やり	控えめに		1週間に1〜2回たっぷりと				控えめに		1週間に1回たっぷりと			控えめに
日当たり	霜に当たらない場所		よく日に当てる				涼しい半日陰に		よく日に当てる			

サボテンの生育サイクル（サボテン全般）

箱庭や寄せ植えに使いやすいオプンチアやマミラリアなど、多くのサボテンは主に春と秋に生育します。

	1月	2月	3月	4月	5月	6月	7月	8月	9月	10月	11月	12月
生育の状態	休眠		生育				半休眠		生育			休眠
水やり	控えめに		1週間に1〜2回たっぷりと				1〜2週間に1回夕方から夜に		1週間に1〜2回たっぷりと			控えめに
日当たり	霜に当たらない場所		よく日に当てる				明るい半日陰に		よく日に当てる			霜に当たらない場所

Recipe 1

基本のサボテンの植えつけ

サボテンをミニカップに植えて

はじめてでも
育てやすい

苗／A オプンチア
　　バニーカクタス2本

用意するもの

底に穴をあけたプリンカップ（開口部の直径60㎜、高さ55㎜）、
ゼオライト、サボテン・多肉植物の用土、日向土、土入れ、
大きなピンセット、クラフトハサミ、ボウル、水さし

アルミカップに穴をあけて

アルミの薄手のプリンカップなどは、水抜き用の
穴があけやすいのでおすすめ。底にくぎなどで
穴をあけて、内側の尖ったところをペンチや金
づちなどでつぶすとよいでしょう。ほかのデザー
トカップやケーキ型なども同様にして水抜き穴を
あけて使います。

**小さなカップに植えると
こんなにかわいい**

**トゲがドット模様で色が違う
小さなウチワサボテン**

品種が違う3色のウチワサボテ
ンたち。トゲがドット模様のよう
で、黄色、白、赤とトゲの色が
違うところがポイントです。

B オプンチア 黄刺ウチワ
C オプンチア バニーカクタス
D オプンチア 赤刺ウチワ

器のサイズ（3個ともに）／
開口部の直径50㎜、
高さ33㎜

**アルミのカップが似合う
花とシルエットが
美しいサボテン**

翠晃冠は春に咲く白い花
がとてもきれいで、丈夫で
育てやすく、シルエットも
美しいサボテンです。花つ
きもよく、小さな苗でも花
が見られるのもうれしいポ
イントです。

E ギムノカリキウム
　　翠晃冠

器のサイズ／
開口部の直径50㎜、
高さ33㎜

苗と器の準備

バニーカクタスはトゲがとてもとれやすくて細かいため、手で触らずに大きめのピンセットでやさしくつかむ

1　バニーカクタスを2本用意し、根鉢の用土を軽く落とす。傷んで茶色になった根があったらクラフトハサミで切る。

2　器の底が隠れるくらいまで、日向土を入れる。水はけがよくなり、根張りがよくなる。

苗を植えつける

ちょっと重なるくらいにずらして植えるのがコツ

1　ピンセットでバニーカクタスを少し重ねてやさしくつかみ、カップの中央に入れる。

寄り添っているように植えると、かわいさアップ

2　バランスよく配置できたら、バニーカクタスの重なり具合を調節する。

3　ピンセットを反対の手に持ちかえ、土入れを使って器の縁から約15mm下がったところまで用土を足し入れる。

4　ピンセットを持ちかえて苗をやさしくピンセットでつかみ、苗の高さを調節する。

5　4の上から土入れでゼオライトを表面に敷く。器の縁から5～10mmくらい下まで入れる。

6　5を少し斜めにして器の底を軽くトントンと打ちつけ、用土が隙間なく詰まるようにする。

水さしやジョウロなどで静かにゼオライトの上から、底穴から水が流れ出るまでたっぷりと水やりする。日当たりのよい場所に置き、用土が乾いてから水やりする。

Recipe 2

スイーツみたいなサボテンカップ

SNSでも大人気の
「うさみみちゃん」の寄せ植え

用意するもの

苗／A マミラリア ダシアカンサ 1本
　　B エスポストア 白楽翁 2本
　　ⓐ ナンテンの実

底に穴をあけたアルミカップ
　（開口部の直径 60 ㎜、高さ 55 ㎜ ＊ P30 参照）、
ゼオライト、サボテン・多肉植物の用土、日向土、
土入れ、大きなピンセット、クラフトハサミ、ボウル、水さし

こんな木の実を使いたい

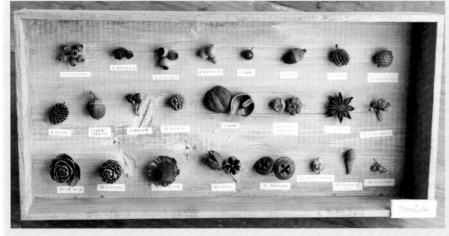

集めた木の実を、標本箱のように飾ってみました。いちばんのお気に入りは、割ると断面がハート形になっている「ヒメグルミ」。くるみガーデンのSNSのアイコン画像にもなっています。木の実は形がおもしろくて、ハート形やリンゴのように見えたり、星の形もあればバツ印の木の実も。思いもよらない形があって、いくら見ていても飽きません。

苗と器の準備

1

マミラリア ダシアカンサ1本と、同じくらいの大きさのエスポストア 白楽翁を2本用意し、根鉢の用土を軽く落とす。傷んで茶色くなった根があったらクラフトハサミで切る。

2

器の底が隠れるくらいまで、日向土を入れる。水はけがよくなり、根張りがよくなる。

苗を植えつける

1

ピンセットでマミラリアをやさしくつかみ、後ろにエスポストアを2本並べて中に入れる。

サボテンはそっとつかんで！

2

土入れを使って器の縁から約15mm下がったところまで用土を足し入れる。

3

苗をやさしくピンセットでつかみ、高さを調節する。

4

3の上から土入れでゼオライトを表面に敷く。器の縁から5〜10mmくらい下まで入れる。

5

手前のマミラリアが動かないようにピンセットでつかみながら、4を少し斜めにして器の底を軽くトントンと打ちつけ、用土が隙間なく詰まるようにする。

6

水さしで静かにゼオライトの上から、底穴から水が流れ出るまでたっぷりと水やりする。

ピンセットでナンテンの実をつかみ、果柄を下にして右側の「耳」のつけ根部分に差し込んだら完成。日当たりのよい場所に置き、用土が乾いてから水やりする。

Recipe 3

手のひらサイズの小さな花壇

簡単にできる
かわいい花壇

用意するもの

底に穴をあけたプリンカップ（開口部の直径 55 mm、高さ 50 mm ＊P30 参照）、
サボテン・多肉植物の用土、日向土、土入れ、大きなピンセット、
クラフトハサミ、ボウル、霧吹き

ミニチュアグッズ／
　くぎのフェンス、ちょうちょうピック：各2個、看板ピック：1個

苗／ A　セダム 乙女心 1本
　　 B　セダム オーロラ 1本
　　 C　グラフトセダム ピーチ姫 1本
　　 D　グラフトペタルム 姫愁麗 2本
　　 E　セダム ゴールデンカーペット 適宜

ミニチュアグッズは…

●くぎのフェンス…作り方：93 ページ
●ちょうちょうピック…作り方：91 ページ
●看板ピック…作り方：90 ページ

器の準備と主役の苗の植えつけ

1 器の底が隠れるくらいまで、日向土を入れる。水はけがよくなり、根張りがよくなる。

2 乙女心1本の根鉢の用土を軽く落とす。傷んで茶色くなった根があったらクラフトハサミで切る。1の中に入れ、中央の後ろ側に配置する。

3 土入れを使って器の縁から7～10 mm下がったところまで用土を足し入れる。

4 3を少し斜めにして器の底を軽くトントンと打ちつけ、用土が隙間なく詰まるようにする。

脇役の苗を植えつける

1　オーロラの苗を植えつけやすくするために、下葉を1枚ずつひねるように茎からはずし、10〜15mmくらい茎を出す。

茎の先端がピンセットから出ないように

2　ピンセットの内側で写真のようにつかみ、茎の先端がピンセットの先端からはみ出さないようにする。

乙女心を左手で押さえて動かないように

3　茎をつかんだままピンセットごと用土の中に突き刺し、左手でオーロラを押さえながら右手のピンセットをゆるめてそっと抜く。

4　ピンセットの背で株元の土を押さえ、しっかりと植えつける。

5　ピーチ姫と姫愁麗も同様に下葉を1枚ずつひねるように茎からはずし、茎を10〜15mmくらい出す。

6　左ページの配置図を見ながら、オーロラと同様にピンセットでつかんで植えつける。

ミニチュアグッズの配置と仕上げ

1　くぎのフェンスを容器の曲線に沿ってゆるやかに曲げ、手前の中心から左右に1本ずつ、用土に刺して配置する。

2　ゴールデンカーペットを4〜5本束ねてピンセットではさんでつかみ、茎がピンセットの先端から出ないようにする。

左手で多肉植物を押さえて動かさないように

3　2をつかんだままピンセットごと用土の中に突き刺し、左手でほかの苗を押さえながら右手のピンセットをゆるめてそっと抜く。配置図を見ながらフェンスの周囲に植えつける。

水さしやジョウロなどで底穴から水が流れ出るまでたっぷりと水やりする。日当たりのよい場所に置き、用土が乾いてから水やりする。

4　バランスを見ながら看板ピックを差し込む。

5　ちょうちょうピックを2本用意し、バランスのよい長さにワイヤを切り、手前側に差し込む。

Recipe 4

サボテンfarmの丘の小さな家

ミニチュアグッズで
物語の世界に

用意するもの

底に穴をあけたデザートカップ
　（開口部の直径77mm、高さ35mm ＊ P30参照）、
サボテン・多肉植物の用土、日向土、ゼオライト、土入れ、
大きなピンセット、クラフトハサミ、ボウル、水さし

ミニチュアグッズ／
ウッドフェンス：3本、
くぎのフェンス、看板ピック、超ミニミニハウスピック：各1個

苗／A　マミラリア 金手毬（きんてまり）1本
　　B　ステノカクタス 縮玉（ちぢみだま）1本
　　C　パロディア 金晃丸（きんこうまる）1本
　　D　マミラリア 金洋丸（きんようまる）1本
　　E　マミラリア 玉翁（たまおきな）1本
　　F　フェロカクタス
　　　　刺無王冠竜（とげなしおうかんりゅう）1本
　　G　ギムノカリキウム
　　　　牡丹玉（ぼたんぎょく）1本

ミニチュアグッズは…

●くぎのフェンス…作り方：93ページ

●看板ピック…作り方：90ページ

●超ミニミニハウスピック…作り方：94ページ

ウッドフェンスは、ウッドマドラーを幅約6mmに細長く切り、
白く塗装して乾いたら耐候性ニスを塗る

器と苗の準備

① 苗をポットから抜き、根鉢の肩の部分を少しクラフトハサミで切って取り除く。

② ピンセットで苗をやさしくつかみ、根鉢の下側の用土を⅓くらい落とす。

③ ほかの苗も同じように根鉢を整える。

④ 器の底が隠れるくらいまで、日向土を入れる。水はけがよくなり、根張りがよくなる。

器の準備と主役の苗の植えつけ

1 日向土を入れた器の上に、後方に配置する金手毬、縮玉、金晃丸を器の縁に沿って入れる。ピンセットで金洋丸をつかみ、右側に配置する。

2 ピンセットでバランスをとりながら、中央に玉翁を入れる。

3 手前に刺無王冠竜と牡丹玉を入れる。器の縁に沿って入れるとまとめやすい。

4 土入れを使って器の2/3くらいまで用土を足し入れる。

5 ピンセットを使って低いサボテンを少し引き上げ、サボテンの高さを調節する。

6 5を少し斜めにして器の底を軽くトントンと打つつけ、用土が隙間なく詰まるようにする。

間隔と高さをそろえよう

7 真上から見て、バランスよく配置できたかを確認する。横からも見て、沈んでへこんでいる苗がないか、確認する。

8 表面に土入れで少しずつゼオライトを敷く。周囲から入れていき、器の縁よりも少し下がったところまで入れる。

ミニチュアグッズの配置と仕上げ

9 8を少し斜めにして器の底を軽くトントンと打ちつけ、ゼオライトが隙間なく詰まるようにする。

10 水さしでゼオライトの部分に水を与え、底穴から水が流れ出るまでたっぷりと水やりする。

1 超ミニミニハウスピックのワイヤの根元部分から少し曲げ、正面からよく見やすい角度に調節しながら差し込む。

2 くぎのフェンスを沿ってゆるやかな扇状に曲げ、牡丹玉の後ろ側に刺して配置する。

3 バランスを見ながら看板ピックを差し込む。

4 ウッドフェンスをハウスの右側に1本ずつ、3本差し込む。高さを少しずらしたほうがかわいい。

日当たりと風通しのよい場所に置き、用土が乾いてからたっぷりと水やりする。

Recipe 5

多肉植物の手のひらガーデン

箱庭の魅力が
ぎゅっと詰まっている

底に穴をあけたプリンカップ
（開口部の直径77㎜、
高さ32㎜ ＊ P30参照）、
サボテン・多肉植物の用土、
日向土、ゼオライト、サンゴ砂、
鉢底ネット、土入れ、
大きなピンセット、
クラフトハサミ、ボウル、霧吹き

ミニチュアグッズ／
くぎのフェンス、
ちょうちょうピック：各2個、
看板ピック、ガーデンアーチ、
白いウッドフェンス、
ミニミニハウス：各1個

用意するもの

ミニチュアグッズは…

- ●くぎのフェンス…作り方：93ページ
- ●ちょうちょうピック…作り方：91ページ
- ●看板ピック…作り方：90ページ
- ●ガーデンアーチ…作り方：92ページ
- ●白いウッドフェンス…作り方：96ページ
- ●ミニミニハウス…作り方：95ページ

A セダム アクレアウレウム 適宜
B セダム ヒスパニクム 適宜
C セダム マジョール 適宜
D セダム レフレクサム 適宜
E セダム オーロラ 1本
F グラプトペタルム 姫愁麗 1本
G セダム ホワイトストーンクロップ 1本
H セダム ゴールデンカーペット 適宜

器と苗の準備

1 器の底が隠れるくらいまで、日向土を入れる。水はけがよくなり、根張りがよくなる。

2 土入れで器の約8分目まで用土を足し入れる。

3 2を少し斜めにして器の底を軽くトントンと打ちつけ、用土が隙間なく詰まるようにする。

4 土入れの背を使って用土の表面を軽くならし、器に用土を詰める。

5 4の上にゼオライトを土入れで薄く敷き、器の9分目まで入れる。

6 5の上にサンゴ砂を土入れで薄く敷き、器の9.5分目まで入れる。

トントンと
軽くならす

7 土入れの背を使ってサンゴ砂の表面を軽くならす。

8 霧吹きで7の表面をしっかりと湿らせる。

Chapter 2 多肉植物とサボテンで作る小さな世界

土台のミニチュアグッズを配置

① 器が浅いので、白いウッドフェンスの外側の2本を少し短く切りそろえる。

② 1を器の外周に沿って丸く曲げてから、準備した器の後ろ側に差し込む。

③ ウッドフェンスを挿して凹んだ部分にサンゴ砂を足し入れる。

④ 霧吹きで湿らせてサンゴ砂を詰め、ウッドフェンスを固定する。

⑤ 後方の中央にミニミニハウスを置く。

⑥ くぎのフェンスを内向きに曲げてから、写真のように左右に差し込む。

フェンスが動かないように

⑦ フェンスを差してへこんだ部分をピンセットの背で押して平らにする。

アーチは慎重に挿そう

⑧ フェンスの中央にガーデンアーチを差し込む。

ミニチュアグッズの配置と仕上げ

① 植えつける多肉植物は、茎を長めに切って用意しておく。

② 木に見立てる多肉植物から植える。レフレクサムの下葉を1枚ずつひねってはずし、茎を10〜15mmくらい出す。

③ ピンセットの内側に写真のようにつかみ、茎の先端がピンセットの先端からはみ出さないようにする。

④ 茎をつかんだまま、ピンセットごと用土の中に深く突き刺す。

多肉植物が抜けないように

⑤ 左手でレフレクサムを押さえながら右手のピンセットをゆるめてそっと抜く。

⑥ ピンセットの背で株元の土を押さえ、しっかりと植えつける。

⑦ 残りの2本のレフレクサムも同様に植えつける。

⑧ アクレアウレウムを5本ほど束ねてつかみやすくまとめる。

差して
くるくる回す

⑨ 植える束が太いので、あらかじめ植えるところにピンセットで穴をあけておく。

⑩ 8を束ねてピンセットではさんでつかみ、茎がピンセットの先端から出ないようにする。

⑪ 9の穴に茎をつかんだまま、ピンセットごと深く突き刺す。

⑫ 左手でほかの苗を押さえながら、右手のピンセットをゆるめてそっと抜く。

花壇に見立てる多肉植物を植える

⑬ ピンセットの背で株元の土を押さえ、しっかりと植えつける。

① オーロラ、姫愁麗、ホワイトストーンクロップを同様にピンセットでつかみ、配置図を参考にして植えつける。

② ヒスパニクムとマジョールも、同様に配置図を参考にしてピンセットで植えつける。

③ ゴールデンカーペットを4～5本束ねてピンセットではさんでつかみ、ピンセットごと用土に突き刺して植えつける。アクレアウレウムも植えつける。

ミニチュアグッズの配置と仕上げ

④ フェンスの周囲にもピンセットでゴールデンカーペットを植えつけ、低めの花壇のようにする。

⑤ すべての多肉植物を植え終わったところ。フェンスの前と後ろに植えると自然な感じになる。

① 看板ピックが長すぎたら下側を少し切り、高さのバランスを見て差す。

② ちょうちょうピックのワイヤを少し切って長さを調節する。

③ 手前側の低い多肉植物のまわりにちょうちょうピックを差し込む。

水さしやジョウロなどで全体に水を与え、底穴から水が流れ出るまでたっぷりと水やりする。日当たりのよい場所に置き、用土が乾いてから水やりする。

Recipe 6

白いコテージガーデン

おしゃれで
作りやすい箱庭

配置図は51ページ

底に穴をあけたケーキ型
　（開口部の直径約160mm、
　　高さ45mm ＊ P30参照）、
サボテン・多肉植物の用土、日向土、
ゼオライト、サンゴ砂、土入れ、
大きなピンセット、小さなピンセット、
クラフトハサミ、ボウル、霧吹き

ミニチュアグッズ／
くぎのフェンス：茶色と白を各2個
ちょうちょうピック：3個
ガーデンアーチ：　個
白いウッドフェンス：2個
看板ピック、ミニミニハウス：各1個
切り株のテーブルセット：1組

苗／クラッスラ パンクチュラータ 適宜
　　セダム レフレクサム 適宜
　　セダム アクレアウレウム 適宜
　　エケベリア エボニー交配1本
　　セダム オーロラ1本
　　セダム ゴールデンカーペット 適宜
　　セダム プロリフェラ 適宜
　　セダム 斑入りパリダム 適宜
　　セダム サクサグラレ モスグリーン 適宜
　　セダム ヒスパニクム 適宜
　　セダム 斑入りマルバマンネングサ 適宜
　　グラプトペタルム 姫愁麗1本
　　エケベリア 交配種適宜

用意するもの

ミニチュアグッズは…

● くぎのフェンス…作り方：93ページ
● ちょうちょうピック…作り方：91ページ
● 看板ピック…作り方：90ページ
● ガーデンアーチ…作り方：92ページ
● 白いウッドフェンス…作り方：96ページ
● ミニミニハウス…作り方：95ページ
● 切り株のテーブルセット
　　…作り方：98ページ

器の準備

① 器の底が隠れるくらいまで、日向土を入れる。水はけがよくなり、根張りがよくなる。

② 土入れで器の約8分目まで用土を足し入れる。

③ 2を少し斜めにして器の底を軽くトントンと打ちつけ、用土が隙間なく詰まるようにする。

④ 3の上にゼオライトを土入れで薄く敷き、器の9分目まで入れる。

⑤ 土入れの背を使って用土の表面を平らにし、器に用土を詰める。

⑥ 5の上にサンゴ砂を土入れで薄く敷き、器の9.5分目まで入れる。

器の隅まで
均一に敷く

⑦ 6を少し斜めにして器の底を軽くトントンと打ちつけ、サンゴ砂が隙間なく詰まるようにする。

⑧ 土入れの背を使ってサンゴ砂の表面を平らにし、軽くならす。

9 白いウッドフェンスを器の外周に沿って丸く曲げてから、8の後ろ側に差し込む。

全体を均一に湿らせる

10 霧吹きで9の表面をしっかりと湿らせ、ウッドフェンスを固定する。

11 後方の中央にミニミニハウスを置く。正面の手前側にガーデンアーチを垂直に差し込む。

12 ガーデンアーチからミニミニハウスへ向かってやや左側に、切り株のテーブルセットを差して配置する。

木に見立てて多肉植物を植えつける

1 長めに切ったパンクチュラータを数本束ねてピンセットでつかみ、そのままミニミニハウスの左側に深く挿す。

2 左手でパンクチュラータを軽く押さえながら右手のピンセットを開き、苗が抜けないようにそっと抜く。

3 ピンセットの背で株元の土を押さえ、しっかりと植えつける。

4 レフレクサムを数本束ねてピンセットの内側に写真のようにつかみ、茎の先端がピンセットの先端からはみ出さないようにする。

5 茎をつかんだままピンセットごと用土の中に深く突き刺す。

6 左手でレフレクサムを押さえながら右手のピンセットをゆるめ、抜けないようにそっと抜く。

7 ピンセットの背で株元の土を押さえ、しっかりと植えつける。

花壇に見立てる多肉植物を植える

1 オーロラ、姫愁麗、エケベリアなどの茎を同様にピンセットでつかみ、配置図を参考にして植えつける。

2 茎をつかんだままピンセットごと用土の中に深く突き刺す。

3 左手でそのほかの苗を押さえながら、右手のピンセットをゆるめて抜けないようにそっと抜く。

4 ピンセットの背で株元の土を押さえ、しっかりと植えつける。

フェンスを立てる

5　バラに見立てたエケベリアなどを植え終わったところ。

1　植えつける際にへこんだところに土入れでサンゴ砂を補い、平らに修復する。

2　全体に霧吹きで湿らせ、サンゴ砂を落ち着かせる。

3　白いくぎのフェンスを内向きに曲げてから、写真のように左右に差し込む。

ミニチュアグッズの配置

4　茶色のくぎのフェンスも内向きに曲げてから、写真のように互い違いの位置に差し込む。

5　看板ピックを手前の方にバランスよく差し込む。

1　アクレアウレウムを数本束にしてピンセットの内側に写真のようにつかみ、茎の先端がピンセットの先端からはみ出さないようにする。

2　茎をつかんだままピンセットごと用土の中に深く挿し、右手のピンセットを開きながら苗が抜けないようにそっとピンセットを抜く。

3　同様に花壇の手前にも配置図を見ながらアクレアウレウムを植えつける。

4　ゴールデンカーペットなどの小さなセダムたちも同様にピンセットで植えつける。

5　全体にすべての多肉植物を植えつけ終わったところ。

ミニチュアグッズと仕上げ

1　ちょうちょうピックが長すぎたときはクラフトハサミで長さを調節し、高さや向きを見ながら手前に差す。

2　通路になるところやへこんだところに、サンゴ砂を薄く敷いて補修する。

3　ピンセットの背で2のサンゴ砂を軽く突いて、表面を平らにならす。

水さしやジョウロで水を与え、底穴から水が流れ出るまでたっぷりと水やりする。日当たりのよい場所に置き、用土が乾いてから水やりする。

Recipe 7

湖のある小さな町

おしゃれで
作りやすい箱庭

苗／A セダム アクレアウレウム 適宜
　　B セダム ゴールデンカーペット 適宜
　　C セダム レフレクサム 適宜
　　D セダム オーロラ 3本
　　E セダム 虹の玉 5本
　　F セダム プロリフェラ 1本
　　G セダム マジョール 適宜

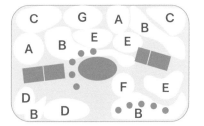

用意するもの

底に穴をあけたタブレットケース
　（幅約95mm、奥行約60mm、高さ約75mm）、
サボテン・多肉植物の用土、日向土、ゼオライト、サンゴ砂、
土入れ、小さなピンセット、クラフトハサミ、ボウル、霧吹き

ミニチュアグッズ／
くぎのフェンス：茶色を2個、ちょうちょうピック：2個
超ミニミニハウスピック：4個
看板ピック、洗濯物ピック、湖ピック：各1個

タブレットケースの
底に水抜き穴をあ
けて、ふたにラベル
を貼り、サビ止め
塗料を塗って乾かし
てから使います。

ミニチュアグッズは…

● くぎのフェンス…作り方：93ページ
● ちょうちょうピック…作り方：91ページ
● 看板ピック…作り方：90ページ
● 洗濯物ピック…作り方：105ページ
● 超ミニミニハウスピック…作り方：94ページ
● 湖ピック…作り方：100ページ

器の準備

1
器の底が隠れるくらいまで、
日向土を入れる。水はけがよ
くなり、根張りがよくなる。

2
土入れで器の約8分
目まで用土を足し入
れる。

こぼれない
ように

3
2を少し斜めにして器の底を軽
くトントンと打ちつけ、用土が
隙間なく詰まるようにする。

4
3の上にゼオライトを土
入れで薄く敷き、器の9
分目まで入れる。

全体を均一に湿らせる

5　4を少しだけ傾けて器の底を軽くトントンと打ちつけ、用土が隙間なく詰まるようにする。

6　5の上にサンゴ砂を土入れで薄く敷き、器の9.5分目まで入れる。

7　6を少しだけ傾けて器の底を軽くトントンと打ちつけ、サンゴ砂が隙間なく詰まるようにする。

8　霧吹きで7の表面をしっかりと湿らせ、用土を落ち着かせる。

ミニチュアグッズの配置

1　超ミニミニハウスピックと湖ピックのワイヤを15〜20mmくらいに切る。

2　1が切り終わったところ。

3　準備した器の中央くらいに、2の湖ピックを配置する。

4　左右を指で押さえて静かに湖ピックを押して差し込む。湖がサンゴ砂と同じくらいの高さになるように。

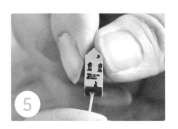

5　超ミニミニハウスピックのワイヤの根元部分から指でほんの少しだけ後ろに傾ける。差したときにハウスがよく見えるようになる。

6　写真を見ながら、湖の右と左に2個ずつ、5を差し込む。

7　くぎのフェンス1個を波形にやさしく曲げる。

8　器の右手前側に7を差し込む。

ミニチュアグッズと仕上げ

1　残ったくぎのフェンスは内側に丸く曲げる。

2　1を湖の左上に、湖から少し離して差し込む。

3　看板ピックの支柱を少し短く切り、湖の右上から少し離れた位置に差し込む。これで主なミニチュアグッズが配置できた。

木に見立てて多肉植物を植えつける

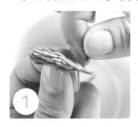

やや長めに切ったレフレクサムは、植えつけやすいように下葉を数枚取り除く。

ほかのレフレクサムも同様に下葉を取り除く。

2を茎がピンセットの先端から出ないようにつかむ。

3をピンセットでつかんだまま、器の右上の角に深く挿す。

左手でレフレクサムを押さえながら右手のピンセットをゆるめ、ほかの苗が抜けないようにそっと引き抜く。

ピンセットの背で株元の土を押さえ、しっかりと植えつける。

配置図を見ながら、ほかのレフレクサムも同様に植えつける。

レフレクサムと同じ要領でマジョールを植えていく。

配置図を見ながら、ほかのマジョールも同様に植えつける。

レフレクサムと同じ要領でアクレアウレウムを植えていく。

配置図を見ながら、ほかのアクレアウレウムも同様に植えつける。

ポイントになる多肉植物を植えつける

レフレクサムと同じ要領でゴールデンカーペットを植えていく。

配置図を見ながら、ほかのゴールデンカーペットも同様に植えつける。

プロリフェラ、虹の玉、オーロラは、下葉を数枚取り除いて茎を出し、植えやすいように整える。

植えつける場所にあらかじめピンセットで穴をあけておく。

3

オーロラをピンセットでつかみ、**2**の穴に差し込む。右手のピンセットをゆるめ、オーロラが抜けないようにそっと引き抜く。

4

ピンセットの背で株元の土を押さえ、しっかりと植えつける。ほかのオーロラも同様に植えつける。

5

同様に、虹の玉をピンセットでつかんで植えつけていく。

6

植えつけたらピンセットの背で株元の土を押さえ、安定させる。

7

ポイントになるプロリフェラを植える穴をあける。ピンセットを湖の右手前から少し離したところに差してぐるっと回す。

8

ピンセットでプロリフェラをつかみ、**7**の穴に差し入れる。

9

ピンセットの背で株元の土を押さえ、安定させる。

10

これで多肉植物の植えつけが完了。

ミニチュアグッズの配置と仕上げ

1

洗濯物ピックの支柱を少し短く切る。

2

ワイヤを反り返らせて洗濯物にも角度をつけると、よりはためいているように見える。

3

2を器の右上にバランスよく差し込む。

4

ちょうちょうピックのワイヤを短めに切る。もう1個も同様に切る。

5

4を右側のくぎのフェンスのまわりに少し離して2個差し込む。

ジョウロなどで水を与え、底穴から水が流れ出るまでたっぷりと水やりする。日当たりのよい場所に置き、用土が乾いてから水やりする。

Recipe 8

赤いとんがり屋根の小人のおうち

木の実をトッピング
した箱庭

配置図は51ページ

苗／セダム 虹の玉 適宜
　　　エケベリア ザラゴーサ 1本
　　　エケベリア 交配種 1本
　　　エケベリア ドリームクイーン 1本
　　　セダム 斑入りマルバマンネングサ 適宜
　　　セダム パープルヘイズ 適宜
　　　グラプトペタルム 姫愁麗 適宜
　　　セダム レッドベリー 適宜
　　　セダム 黄金マルバマンネングサ 適宜
　　　セダム 乙女心 適宜
　　　オプンチア バニーカクタス 適宜
　　　クラッスラ パンクチュラータ 適宜
　　　セダム パリダム 適宜
　　　エケベリア アルビカンス 1本
　　　グラプトベリア ピンクルルビー 適宜
　　　エケベリア ミニベル錦 1本
　　　セダム マジョール 適宜
　　　グラプトセダム リトルビューティー 適宜
木の実／カスリナ 1個、サンキライ 2個、
　　　アカガシ 1個、ケムフルーツ 1個、
　　　カネラブランチ 1個、
　　　タマラックコーン 1個

用意するもの

底に穴をあけたパウンドケーキ型
　（幅約190mm、奥行き90mm、高さ約58mm）、
サボテン・多肉植物の用土、日向土、
ゼオライト、サンゴ砂、土入れ、
大きなピンセット、小さなピンセット、
クラフトハサミ、ボウル、霧吹き

ミニチュアグッズ／
白いウッドフェンス：2個
ちょうちょうピック：3個
看板ピック、アイアンフェンス、ベルつきアーチ
木のおうち：各1個
切り株のテーブルセット：1組

ミニチュアグッズは…

●ちょうちょうピック…作り方：91ページ
●看板ピック…作り方：90ページ
●白いウッドフェンス…作り方：96ページ
●切り株のテーブルセット
　　…作り方：98ページ

パウンドケーキ型を塗料
で黒く塗り、サビ止め塗
料を塗って底に水抜き
穴をあけて使います。

〈おうち〉
赤いとんがり屋根がか
わいい木のおうち。オン
ラインショップで購入でき
ます。→110ページ

〈ベルつきアーチ〉
ガーデンアーチを約2倍
の大きさで作って黒く塗
り、中央にアンバーナッツ
をとりつけます。

〈アイアンフェンス〉
細いワイヤをハンダづけ
したアイアンフェンス。オ
ンラインショップで購入で
きます。→110ページ

器の準備とミニチュアグッズの設置

1
器の底が隠れるくらいまで、
日向土を入れる。水はけがよ
くなり、根張りがよくなる。

2
土入れで器の約8分目
まで用土を足し入れる。

3
2を少し斜めにして器の底を
軽くトントンと打ちつけ、用土
が隙間なく詰まるようにする。

4
3の上にゼオライトを土
入れで薄く敷き、器の9
分目まで入れる。

5 4を少し斜めにして器の底を軽くトントンと打ちつけ、用土が隙間なく詰まるようにする。

6 白いウッドフェンスを2個とも扇形になるように曲げる。

7 6を2個並べて5の後ろ側に差し込む。

8 並べたウッドフェンスの真ん中にとんがり屋根のおうちを配置し、波形に曲げたアイアンフェンスを器の手前側に差し込む。

木や草花に見立てた多肉植物を植える

9 おうちの右横にアカガシを置き、その上にベルつきアーチを垂直に差し込む。

1 乙女心の苗をピンセットで根ごとポットから抜く。根が長い場合はカットする。

根をピンセットの内側にはさむ

2 1をピンセットの内側に写真のようにつかみ、根の先端がピンセットからはみ出さないようにする。

3 ピンセットでつかんだまま、おうちの左側に深く挿す。穴をあけてから挿してもよい。

4 左手でそのほかの苗を押さえながら右手のピンセットをゆるめ、苗が抜けないようにそっとピンセットを引き抜く。

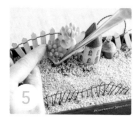

5 ピンセットの背で株元の土を押さえ、しっかりと植えつける。

6 もう1本の乙女心を5の左横に同様にして植えつける。

7 アカガシの右横に、同様にバニーカクタスを植えつける。

8 花に見立てるエケベリアを用意する。

エケベリアを安定させる

9 配置図を参考にして、乙女心とバニーカクタスの手前側にピンセットで浅めの穴をあけ、エケベリアを植えつける。

10 ピンクルルビーの苗をポットから抜き、ピンセットの内側にはさんでつかむ。

11 配置図を参考にして9にピンククルビーの苗を植えつける。

12 配置図を参考にして
ピンセットで姫愁麗を
植えつける。

13 配置図を参考にしてピ
ンセットでリトルビュー
ティーを植えつける。

14 配置図を参考にしてピンセ
ットでレッドベリーを3カ所
に植えつける。

15 長めに切ったパリダムを数本束ね
てピンセットでつかんだまま器の
右上の角に挿し、抜けないように
押さえて植えつける。

木の実の配置と仕上げ

16 **15**で植えたパリダムの左側にパンクチュ
ラータ、器の左上の角と左手前に黄金マ
ルバマンネングサを同様に植えつける。

1 配置図を参考にして
木の実を置いていく。

2 サンゴ砂を敷くため
に、いったんおうち
をはずす。

3 表面のゼオライトの上に、
土入れで薄く均一にサン
ゴ砂を敷く。

4 **2**ではずしたおうちを元の
位置に戻す。

全体を均一
に湿らせる

5 霧吹きで**4**の表面をしっか
りと湿らせ、苗や土の表
面を落ち着かせる。

6 おうちの手前に、切り株の
テーブルセットを差して配
置する。

7 看板ピックを左側の手前
にバランスよく差し込む。

8 アイアンフェンスの周囲に
花壇に見立てた低いセダ
ム類を植えていく。ピンセ
ットで斑入りマルバマンネ
ングサを植えつける。

9 ピンセットの背で株元を
押さえ、しっかりと固定
する。同様にパープル
ヘイズやマジョールなど
も植えつける。

10 ちょうちょうピックを**9**
の周辺にリズミカルに
差し込む。

水さしやジョウロで水を与え、
たっぷりと水やりする。日当た
りのよい場所に置き、用土が
乾いてから水やりする。

Recipe 6 白いコテージガーデン 配置図

苗／A クラッスラ パンクチュラータ 適宜
B セダム レフレクサム 適宜
C セダム アクレ アウレウム 適宜
D エケベリア エボニー交配 1本
E セダム オーロラ 1本
F セダム ゴールデンカーペット 適宜
G セダム プロリフェラ 適宜

H セダム 斑入りパリダム 適宜
I セダム サクサグラレ モスグリーン 適宜
J セダム ヒスパニクム 適宜
K セダム 斑入りマルバマンネングサ 適宜
L グラプトペタルム 姫愁麗 1本
M エケベリア 交配種 適宜

Recipe 8 赤いとんがり屋根の小人のおうち 配置図

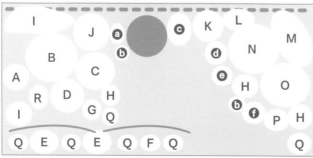

苗／A セダム 虹の玉 適宜
B エケベリア ザラゴーサ 1本
C エケベリア 交配種 1本
D エケベリア ドリームクイーン 1本
E セダム 斑入りマルバマンネングサ 適宜
F セダム パープルヘイズ 適宜
G グラプトペタルム 姫愁麗 適宜
H セダム レッドベリー 適宜
I セダム 黄金マルバマンネングサ 適宜
J セダム 乙女心 適宜
K オプンチア バニーカクタス 適宜
L クラッスラ パンクチュラータ 適宜
M セダム パリダム 適宜
N エケベリア アルビカンス 1本
O グラプトベリア ピンクルビー 適宜
P エケベリア ミニベル錦 1本
Q セダム マジョール 適宜
R グラプトセダム リトルビューティー 適宜

木の実／
ⓐ カスリナ 1個、ⓑ サンキライ 2個、
ⓒ アカガシ 1個、ⓓ ケムフルーツ 1個、
ⓔ カネラブランチ 1個、
ⓕ タマラックコーン 1個

51

Recipe 9

【応用編】

洗濯物の揺れる庭でティータイム

用意するもの

底に穴をあけたホールケーキ型
　（直径約250㎜、高さ約70㎜ ＊ P30参照）、
サボテン・多肉植物の用土、日向土、ゼオライト、サンゴ砂、土入れ、
大きなピンセット、小さなピンセット、クラフトハサミ、ボウル、霧吹き

ミニチュアグッズ／
白いウッドフェンス：5個、ちょうちょうピック：4個
看板ピック、ガーデンアーチ、洗濯物ピック、
ミニチュアバスケット、ミニチュアマグ：各1個
白いテーブルとガーデンチェア：1組

ミニチュアグッズは…

●ちょうちょうピック…作り方：91ページ
●看板ピック…作り方：90ページ
●白いウッドフェンス…作り方：96ページ
●ガーデンアーチ…作り方：92ページ
●洗濯物ピック…作り方：105ページ
●白いテーブルとガーデンチェア
　　…作り方：102ページ

＊ミニチュアバスケットとミニチュアマグは市販品

ちょっと大きな箱庭

苗／A セネシオ 七宝樹 適宜
　　B セダム 乙女心 適宜
　　C セダム レフレクサム 適宜
　　D セダム ビアホップ 適宜
　　E セダム ゴールデンカーペット 適宜
　　F セダム ヒスパニクム 適宜
　　G クラッスラ ブロウメアナ 適宜
　　H グラプトペタルム 姫愁麗 適宜
　　I エケベリア 女雛 適宜
　　J セダム オーロラ 適宜
　　K セダム トリカラー 適宜
　　L セダム マジョール 適宜
　　M エケベリア ドリームクイーン 適宜
　　N セダム 斑入りパリダム 適宜
　　O セダム 虹の玉 適宜
　　P セデベリア マッコス 適宜
　　Q グラプトベリア ピンクルルビー 適宜

木の実／
ⓐ ペッパーベリー 適宜
ⓑ ヒメグルミ 適宜
ⓒ コナラ 適宜
ⓓ マウンテンジュニパー 適宜
ⓔ ボタンガム 適宜
ⓕ ヤシャブシ 適宜
ⓖ クヌギ 適宜

苗の植えつけとミニチュアグッズの設置

48ページを参照して器の底に日向土を入れ、上から用土を器の約8分目まで足し入れてからゼオライトを土入れで薄く敷き、器の9分目まで入れる。白いウッドフェンスを設置してから配置図を参考に多肉植物を植えつけ、洗濯物ピックと看板ピック、くぎのフェンスを差し込む。配置図を参考にして木の実を置いていく。表面のゼオライトの上に、土入れで薄く均一にサンゴ砂を敷く。

土入れの背で表面を軽くトントンと押さえ、サンゴ砂を軽くならして平らにする。

器と多肉植物の隙間にもていねいにサンゴ砂を足し入れ、苗が動かないように固定する。

テーブルとガーデンチェアの設置と仕上げ

器の中央よりも少し離れたところにガーデンチェアの脚を差し込んで設置する。

1に似合うようにテーブルの位置を決め、支柱を深く差し込んで固定する。

ちょうちょうたちが遊んでいるようにピックをさす。

その後の管理

水さしやジョウロなどで水を与え、底穴から水が出るまでたっぷりと水やりする。日当たりのよい場所に置き、用土が乾いてから水やりする。

テーブルの近くに木の実を数種類飾ったミニチュアマグを置くと、ぐっと楽しそうに。ミニチュアバスケットにもコナラのどんぐりやジュニパーベリーなどをたっぷり詰めて彩りをプラスしましょう。

Recipe 10

応用編
ユーフォルビアの小さな町

小さなカップと
ミニチュアグッズで

A　ユーフォルビア　オベサ梵天　1株
B　ユーフォルビア　瑠璃晃　1株
C　ユーフォルビア　笹蟹丸　1株
D　ユーフォルビア　プルビナータ・ナナ　1株
E　ユーフォルビア　白樺キリン　1株

苗の植えつけとミニチュアグッズの設置

30ページを参照して器の底に日向土を入れ、ユーフォルビアを器の中に配置して土入れで8分目まで用土を入れる。上から赤玉土（細粒）を薄く均一に敷く。ミニチュアグッズを配置して仕上げる。

ユーフォルビアのフォルムを生かして

形のおもしろいユーフォルビアの持ち味を生かして、プリンカップに植えてみました。手作りのミニチュアピックを添えて、小さくてユニークな世界を楽しみます。

ユーフォルビアは、花柄を伸ばして、先端に盃状の花を咲かせる。

用意するもの

底に穴をあけたプリンカップ
　（開口部の直径60mm、
　高さ50mm ＊ P30参照）、
サボテン・多肉植物の用土、
日向土、赤玉土（細粒）、
土入れ、大きなピンセット、
クラフトハサミ、ボウル、水さし

ミニチュアグッズ／
ちょうちょうピック、看板ピック、
超ミニミニハウスピック、
きのこ、街灯ピック

30ページのサボテンは、用土の上にゼオライトを敷いたが、ここでは赤玉土（細粒）を表面に敷いてユーフォルビアの色と形を引き立たせる。

ミニチュアグッズは…

●ちょうちょうピック…作り方：91ページ
●看板ピック…作り方：90ページ
●超ミニミニハウスピック…作り方：94ページ

＊きのこと街灯ピックは
　オンラインショップで購入できます。→110ページ

その後の管理

水さしやジョウロで赤玉土に水を与え、底穴から水が流れ出るまでたっぷりと水やりする。日当たりのよい場所に置き、用土が乾いてから水やりする。

Chapter 3

ドライフラワーで作る
アレンジメントと箱庭

ドライフラワーを木や草花に見立てて作った
小さなフラワーアレンジメントや
箱庭たちの作り方をご紹介します。
ドライフラワーの扱い方や管理のコツも説明します。

材料と用具

ドライフラワーを使った箱庭を作るための材料と用具をご紹介します。

フローラルフォーム

生花では水を含ませるが、箱庭ではドライフラワーを挿す土台などに使用。

地巻きワイヤ

ドライフラワーを束ねたり、丸めてリース台にしたり、ピンを作る。白の＃24と＃30、緑の＃24と＃26を使う。

器

ガラスの容器やディスプレー用のドームやポットなど。ドライフラワーをきれいに見せる。

ピンセット

繊細なドライフラワーをつかみやすい12.5㎝の短いタイプが便利。

クラフトハサミ

ドライフラワーを切ったり、ミニチュアグッズの長さを調整するなど。

木工用接着剤

モスや人工芝生パウダーなどを接着する。

接着剤
パワーエース 速乾
アクリアスティック

口の先が細くて便利。すぐに乾いて透明になり、弾力性があるのでドライフラワーを接着しやすい。

UV-LEDレジン液

透明度が高くて速く硬化するレジン液。専用のLEDライトも使いやすい。

UV-LEDライト

UV-LEDレジンを硬化する。UV-LEDライトを使用した照射器。

エキポシ樹脂系
接着剤セット

ABの2剤を混ぜて使う。金属やツルツルしたものなど、つきにくい素材を強力に接着。

硬化液スプレー

ドライフラワーの強度を高め、水やほこりから保護するスプレー。

人工芝生パウダー

繊維タイプ。ジオラマや模型用で芝生や草原などを表現する。明るい緑色がおすすめ。

アイスランドモス

細かく切って土台に接着したり、人工芝生パウダーと組みわ合わせて使う。

超ミニミニハウスピック　ちょうちょうピック

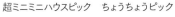

ミニチュアグッズ

ピックやフェンスなどの針金が長い場合は、容器や土台の深さに合わせてカットして使う。

木の実をかわいく飾る

アクセントに添えるほか、ヒメグルミは器として使う。

ドライフラワーの扱い方と管理のコツ

箱庭に使ったドライフラワーを長くきれいに楽しむコツをご紹介します。

置き場所

ドライフラワーは植物を乾燥させたものなので、湿気が苦手です。また直射日光に当たると色があせることがあるので、避けるようにします。ホコリなどの汚れから守るためにガラスなどのケースに乾燥剤と一緒に入れると、よい状態が長く保てます。

ドライフラワーの保管

湿気が入りにくい、ふたつきのケースなどに、乾燥剤と衣類に使う防虫剤を入れて保管します。直射日光が当たらない冷暗所が適します。冷蔵庫には入れないでください。必要な量を切り分けて使用します。

棚に飾って楽しむ

仕切りが多い棚などに飾るとほこりがつきにくく、いろいろな種類を見られるのでおすすめです。色や並べ方にもこだわって楽しみたいものです。

> ### ドライフラワーの管理のポイント
>
> ● 水や湿気を避ける
> ● 直射日光に当てない
> ● 風通しのよい場所に

ほこりを払う

ドライフラワーを飾っていると、どうしても表面にほこりがつきます。ほこりは湿気を含みやすいので、ブロアーブラシで払うと長持ちします。

防虫スプレー

ドライフラワー用の防虫スプレー。大切な箱庭を長持ちさせるために補助的に使います。

ドライフラワーの季節の管理

	1月	2月	3月	4月	5月	6月	7月	8月	9月	10月	11月	12月
置き場所	直射日光が当たらない室内				湿度が低く直射日光が当たらない室内					直射日光が当たらない室内		
注意すること					風通しをよくする・ほこりをためない							

Recipe 1

小人さんの小さなスワッグ

すぐできて
飾りやすい

用意するもの

■ 幅約25㎜、高さ35㎜のスワッグ1個分
地巻きワイヤ＃26：1本、クラフトハサミ、トレイ

ドライフラワー／
A リモニウム　カシスベリー
B ハイブリッドスターチス　ブルー
C ソフトミニカスミソウ・フレア　イエロー
D ミニカスミソウ　白・ローズ
E ライスフラワー　ホワイト
各1〜2本

好きな色の花を束ねて

小さなスワッグは、何個か作って
いっしょに飾ると、かわいさがアッ
プします。小さいので、淡い色
でまとめるよりもアクセントになる
濃い色を入れると見栄えがしま
す。数個を集めて飾るときは、ど
のスワッグにも白っぽい花を1種
類入れると、まとまりがでます。

つるす輪を作り、花を束ねる

つるすための輪にする

1 地巻きワイヤを半分の長さに切り、二つ折りにして折った部分が輪になるように2回ねじる。

長い花の上に短い花を重ねる

2 長くて茎がしっかりしたハイブリッドスターチスを背面にして、その上にドライフラワーを重ねて束ねる。

3 1の輪を下に向けて2の後ろ側の中心に当て、ワイヤを押さえながら花の下でしっかり2周巻きつける。

4 両端のワイヤをいっしょにねじって、束ねた茎を締めながら、花をしっかり固定する。

5 4でねじった部分を残し、余分なワイヤを**クラフトハサミ**で切り落とす。

スワッグを仕上げる

1 長くて飛び出したところをクラフトハサミで切り落とす。

手の上で、どの向きもきれいかチェック

2 つるしたときにどう見えるかを確認する。左右に少し傾けたりしてバランスをチェックする。

3 クラフトハサミで茎の長さを切りそろえる。ワイヤで縛ったところから5〜7mmの茎を残す。

つるす向きで置き、全体を確認する。風通しがよく、直射日光が当たらない場所に飾り、ほこりがたまらないように注意する。

仕上げとその後の管理

Recipe 2

ドライフラワーのミニリース

たくさん作って
飾りたい

用意するもの

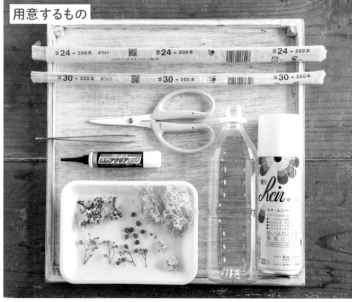

■ 直径約35mm、厚み約7mmのリース1個分

地巻きワイヤ#24 白：1本
地巻きワイヤ#30 白：2本
クラフトハサミ、トレイ、ピンセット（小）、空のペットボトル、
接着剤、硬化液スプレー、アイスランドモス：ひと握り

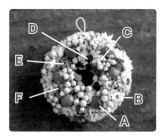

ドライフラワー／
A ペッパーベリー
B ヤマハハコ
C ライスフラワー　ホワイト
D SAデージー　ピンク
E カスミソウ　サーモンピンク
F カスミソウ　ソフトピンク
各適宜

リース台の準備

① 地巻きワイヤ#24をペットボトルの口に5周巻きつける。

② 形をくずさないように気をつけて、①をペットボトルから外す。

つるすための輪に

③ 地巻ワイヤ#30の端を70mmほど残して2回ねじり、リースをつるす輪を作る。

④ 70mm残したほうのワイヤを②の背後に重ね、ワイヤを締めながら2回巻きつける。

5 長いワイヤと短いワイヤを後ろ側でまとめ、2回ねじって固定する。

6 長いほうのワイヤをグルグルとワイヤのサークルの周囲に巻きつけ、1周したら短いワイヤとまとめて数回ねじって留める。

7 ワイヤをつるす輪の後ろ側に引き、余分なワイヤをクラフトハサミで切る。

リース台ができた

8 ワイヤの端はサークルの内側に押し入れて隠す。

モスでベースを作る

1 アイスランドモスを500円硬貨くらいの大きさ5個にまとめる。

2 小分けにしたモスをリース台に巻き、端を70mmほど残して地巻きワイヤ#30を巻きつけて留める。

3 小分けにしたモスをすべて地巻きワイヤで巻いて留めつけ、1周したら残しておいたワイヤの端と2本まとめてねじる。

ワイヤの端はモスの中に隠す

4 数回ねじって2本のワイヤを留めつけ、余分なワイヤは切る。

小花と木の実をつける

5 飛び出したモスをクラフトハサミで切りそろえ、ドーナツ形に整える。

1 ペッパーベリーを1個ずつ切り離し、リース台のモスの上に6カ所、接着剤をつける。

2 1にペッパーベリーを1粒ずつ、貼りつける。

3 SAデージーを花首の下で切り離し、モスに接着剤をつけて貼りつける。

4 カスミソウ2種類も花首の下で切り離し、モスに接着剤をつけて花を貼りつけていく。

5 ヤマハハコも花首の下で切り離し、モスに接着剤をつけて貼りつける。

6 ライスフラワーを数粒ずつ切り離し、同様に貼りつけていく。側面や内側にも花をつける。

全体に花を貼りつけたら新聞紙などの上に置き硬化液スプレーをかけて仕上げる。風通しがよく、直射日光が当たらない場所に飾り、ほこりがたまらないように注意する。

仕上げとその後の管理

Recipe 3

ミニボトルの小さなガーデン

ミニチュアグッズで
物語の世界に

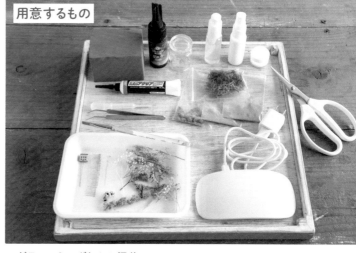

用意するもの

■ **ガラスのミニボトル1個分**

ガラスのミニボトル(直径約35mm、高さ約42mm)：1個
アイスランドモス：ひとつまみ
シーナリーパウダー(茶色と緑色)：各小さじ1、
人工芝生パウダー：適宜
ピンセット(小)、スポイト、筆、接着剤、
水(スプレー容器入り)、空いた容器、クラフトハサミ、トレイ
UV-LEDレジン、レジン用ライト

ドライフラワー／
A アマランサス
B ハイブリッドスターチス
C ソフトミニカスミソウ ブルー
D SAデージー
E カスミソウ ブルー
F ミニカスミソウ 白/ローズ
G ソリダゴ
H シャワーグラス グリーン　　各1〜2本

ミニチュアグッズは…

●ちょうちょうピック1…作り方：91ページ
●超ミニミニハウスピック1個…作り方：94ページ
●超ミニミニフェンス1個
　　…細いワイヤのシンプルなフェンス。
　　　オンラインショップで購入できます。
　　　→110ページ

ボトルの中の土台を作る

軽く傾けて
パウダーを
広げる

① ガラスボトルの底に深さ2mmくらいレジン液を入れる。

② 1を少し傾けてレジンを均一に広げる。

③ 2に茶色のシーナリーパウダーを入れ、少し傾けて全体に広げる。

④ 3の上から緑色のシーナリーパウダーを入れ、全体に広げる。

5 底の部分にライトが当たるようにレジン用ライトを照射してレジンを固める。

6 アイスランドモスをクラフトハサミで細かく切る。

7 側面につかないように注意しながら、ぐるぐると底面全体に接着剤を塗る。

8 6を7の上から均一に入れ、ピンセットの背で突いて平らにならす。

9 ぐるぐると底面全体に接着剤を塗る。

10 人工芝生パウダーを均一に入れてピンセットの背で突いて平らにならす。

11 容器にボンドと水を1:3の割合で入れ、よく混ぜる。

12 スポイトで11を1滴ずつ、5〜6滴を全体に入れ、人工芝生パウダーを定着させる。

主なミニチュアグッズの配置

13 そのまま半日〜1日おいて乾かす。

1 超ミニミニハウスピックの針金を5mmほどのところで切る。

2 1の針金と下面に接着剤をつける。

3 配置図を参考に浮き上がらないように土台に差し込む。

4 超ミニミニフェンスを高さ約½（約7mm）に切りそろえ、脚が3本の柵を2個、4本を1個、6本を1個、切り出す。

5 脚が3本の柵に接着剤をつける。

6 脚が3本の柵をハウスの向かい側と右側に各1個差し込んで接着する。

7 脚が6本と4本の柵を手で緩やかに曲げ、接着剤でボトルの左側とハウスの後ろ側に配置する。

ドライフラワーのとりつけ

1 4個の柵がとりつけ終わった状態。ここに花を入れていく。

2 アマランサスの花の房を手で茎からはずす。

3 地面に接着剤をつけておき、アマランサスをピンセットで接着する。写真を参考にフェンスの周囲にも同様に接着する。

4 シャワーグラスをハウスより少し高い長さに切り分ける。ソリダゴも同様に切っておく。

ソリダゴとシャワーグラスをバランスよく

5 地面に接着剤をつけておき、ジャワーグラスをハウスの後方に林のようにとりつける。

6 ブルー系のドライフラワーの花を小さく切り分ける。

7 地面に接着剤をつけておき、同じ色が集まらないように注意しながら6を差す。

8 ローズ系のミニカスミソウをクラフトハサミで細かく切る。

仕上げのミニチュアのとりつけ

9 地面に接着剤をつけておき、8を散らすようにつけていく。

1 ちょうちょうピックのワイヤを15mmくらいに切る。

2 地面に接着剤をつけておき、1をピンセットでつかんで差し込む。

3 ふたを閉めたら完成。

その後の管理

接着剤が乾くまでは湿気がこもらないようにする。直射日光が当たらない場所に飾る。

How to make　作品●16ページ　難易度＊＊　作業時間●約1時間30分

Recipe 4

くるみの殻のミニチュアガーデン

ミニチュアグッズで
物語の世界に

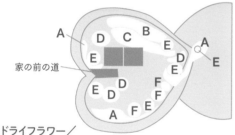

家の前の道

ドライフラワー／
A アマランサス
B シャワーグラス オフホワイト
C シャワーグラス グリーン
D ハイブリッドスターチス
E カスミソウ ピンク
F ライスフラワー ホワイト
各1～2本

用意するもの

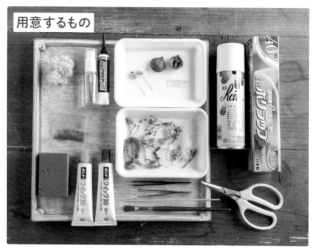

■ ½のヒメグルミをつなげた幅約48mm、奥行き約28mmの1個分
ヒメグルミの殻を割ったもの：1組
アイスランドモス：ひと握り程度、人工芝生パウダー：適宜
ピンセット（小と精密用）、串、筆、接着剤
水（スプレー容器）、クラフトハサミ、トレイ
フローラルフォーム（100mm×50mm×30mm程度）：1個
エポキシ樹脂系接着剤セット、硬化液スプレー、食品用ラップ

ミニチュアグッズは…

●ちょうちょピック 1個…作り方：91ページ
●超ミニミニハウスピック 2個…作り方：94ページ
●超ミニミニフェンス 1個
　…細いワイヤのシンプルなフェンス。
　　オンラインショップで購入できます。
　　→ 110ページ

ヒメグルミで土台を作る

1

食品用ラップを200mmほど切り、エポキシ樹脂系接着剤のA剤とB剤を1:1で少量出す。

2

1を串でよく混ぜて割ったヒメグルミの殻の先にたっぷりつける。

3

ヒメグルミの殻を互い違いに重ね、そのまま約30分動かさずに固定する。

4

3の上向きの殻の中に接着剤を塗る。

5

アイスランドモスをちぎって**4**の中にしっかり詰め込む。

6

表面に飛び出したモスをクラフトハサミで切り、平らにする。

7

6の表面に接着剤を塗り、全体に人工芝生パウダーを敷く。

8

7の表面を指で押し、人工芝生パウダーをむらなく接着する。

ドライフラワーのコーティング

1

花びらがとれやすいハイブリッドスターチスは硬化液スプレーをかけておく。

2

食品用ラップの上に接着剤を2〜3滴たらし、水を加えて混ぜる（接着剤と水の割合は3:1）。

3

ふわっと広がるシャワーグラスは、塗ることでまとまりやすくなる。

よく乾いてから使う

4

1と**3**をフローラルフォームに挿して乾かす。

主なミニチュアグッズの配置

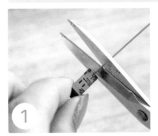

1

超ミニミニハウスピックの針金を5mmほどのところで切る。

2

1の針金と下面に接着剤をつける。

3

配置図を参考に、準備したヒメグルミの土台に差し込む。同様にもうひとつも固定する。

4

超ミニミニフェンスを高さ5mmに切りそろえる。

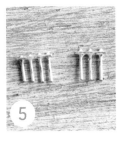

5

4を切り分けて柵の脚が3本と4本のパーツにする。

6

5の長いほうの先端に接着剤をつける。

7

3本の柵をハウスの左側に、4本の柵をハウスの右後方に差し込んで接着する。

ドライフラワーをとりつける

1 アマランサスをクラフトハサミで細かく切る。右側の殻の境界部分に接着剤を塗る。

2 切ったアマランサスをピンセットで接着する。写真を参考に殻の縁やフェンスの周囲にも同様に接着する。

3 乾いたシャワーグラスを土台に当て、ハウスより少し高くなるように調整する。

4 グリーンのシャワーグラスを切り、**2**の地面に接着剤をつけてハウスの後方に数本とりつける。

5 **3**と同様にオフホワイトのシャワーグラスを切る。

6 グリーンのシャワーグラスの後方の地面に接着剤をつけ、林のようにつけていく。

7 ドライフラワーの花を小さく切り分ける。

8 **6**の地面に接着剤をつけ、**7**を同じ色が集まらないように差してつけていく。

9 花がつけ終わったら、殻の縁の境界部分に接着剤を塗る。

全体がきれいに見えるポイント

10 殻の縁に人工芝生パウダーをピンセットでつける。ぐるっと1周、後ろ側も接着剤で人工芝生パウダーをつける。

仕上げのミニチュアのとりつけ

1 ちょうちょうピックのワイヤを10mmくらいに切る。

2 **1**を精密用ピンセットでつかみ、ワイヤの下側に接着剤をつける。

3 手前側のドライフラワーのところにバランスよく**2**を挿す。

その後の管理

直射日光が当たらない場所を選び、ガラスケースなどに入れて飾ると、ほこりなどの汚れがつかず長持ちする。

Recipe 5

ローズガーデンのティーパーティー

■ 裏に開口部があるディスプレイ用ティーポット1個分

ガラス製のティーポット
　（左右の幅約190mm［取っ手と注ぎ口を含む］
　高さ約120mm：1個、アイスランドモス：2握り程度、
　人工芝生パウダー：適宜、ピンセット（小）、接着剤、
　木工用接着剤、クラフトハサミ、トレイ
フローラルフォーム（直径約78mm、高さ10mm以上）：1個
硬化液スプレー、地巻きワイヤ＃24：2本

ミニチュアグッズは…

●看板ピック1個…作り方：90ページ
●切り株のテーブルセット（イス3脚）
　　…作り方：98ページ
●ローズアーチ1個
　　…2重のロマンチックなアーチ。
　　オンラインショップで購入できます。
　　→110ページ

用意するもの

ミニチュアグッズで
物語の世界に

ドライフラワー／
A ミニバラ 4本
B マイクロローズ ヌードピンク 1本
C マイクロローズ ホワイト 2本
D センニチコウ 1本
E ハイブリッドスターチス ラベンダー
F スターチス 淡いピンク
G シャワーグラス オフホワイト
H カスミソウピンク（ローズアーチ）
I シャワーグラス グリーン

J ヤマハハコ
K ソフトストーベ ピンクベージュ
L ソフトストーベ ホワイト
M ソフトストーベ ウォッシュラベンダー
N ライスフラワー ナチュラル
個数指定以外は各1～2本

木の実／
ⓐ ペッパーベリー 1本
ⓔ タマラックコーン 2個

フローラルフォームとUピンの準備

1 フローラルフォームはガラス製のティーポットの底面よりもひと回り小さく切る。

2 1を直径約78mm、高さ10mmに切り、½にカットする。

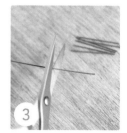

3 地巻きワイヤ#24を長さ27mmに20本切る。

4 3をU字に曲げてピンを作る。

バラの咲くアーチを作る

1 ローズアーチ、カスミソウ ピンクとシャワーグラス グリーンを1本ずつ用意する。

2 カスミソウの花を切り落とす。

3 シャワーグラスは、横に長く飛び出したところをとる。

つるバラの姿を思い浮かべて

4 3をローズアーチに絡ませ、飛び出したり厚すぎる部分を間引く。

5 ローズアーチ覆うように4を広げて接着剤でつける。

ドライフラワーのコーティング

6 5に2の花を接着剤でとりつける。

使用するドライフラワーは硬化液スプレーをかけ、乾かしておく。

フローラルフォームにモスをつける

1 アイスランドモスをひとつまみくらいの大きさにちぎったものを25個用意する。

2 準備したフローラルフォームの側面に木工用接着剤を塗る。

3 2に1を隙間なく貼りつけてU字ピンを差して固定していく。

4 側面にすべてモスを貼りつけたところ。

5 4の上面に木工用接着剤をつけ、1を隙間なく貼りつけU字ピンを斜めに差して固定する。

6 クラフトハサミの刃を寝かせて飛び出したモスを押しつけて切り、平らにする。

底と断面は
モスを貼らない

⑦ 上面と側面がモスで均一に覆われた状態。

⑧ 7の上面に木工用接着剤を塗り、全体に人工芝生パウダーを敷く。

⑨ 8の表面を指で押し、人工芝生パウダーをむらなく接着する。

⑩ 木工用接着剤が落ち着くまで少し待つ。

主なミニチュアグッズの配置

① 切り株のテーブルとイスの針金を7mmくらいに切り、下側に接着剤をつけて固定する。

② ローズアーチを土台に差して接着剤で固定する。

切り口を
斜めにする

③ 看板ピックの小枝を約½の長さに切る。

④ 配置図を参考に、3の小枝の下側に接着剤をつけて固定する。

ドライフラワーをとりつける

切り口を
斜めにする

① バラなどの大きめのドライフラワーの茎を10〜20mmに切る。

② 配置図を参考に、準備した土台に挿していく。

③ 挿したドライフラワーのつけ根に接着剤をつけて固定する。

④ 木の実の下側に接着剤をつけて軽く押し込んで配置する。

⑤ ペッパーベリーは、配置する位置に接着剤をつけてからピンセットでつける。

⑥ ハイブリッドスターチスなどの小花は小さく切り分け、茎に接着剤をつけて差し込む。

土台の
中心部分が
できた

⑦ 小花までつけ終わったところ。

ドライフラワーの仕上げ

1 木に見立てるソフトストーベやシャワーグラスを器の開口部に当て、中に入れられる長さを確認する。

2 1を目安にソフトストーベやシャワーグラスを切り、下に接着剤をつけてテーブルセットの後方にとりつける。

3 余ったソフトストーベは、短く切って接着剤をつけ、バラなどの間に飾るとナチュラルに。

4 前側の側面に接着剤を少しつける。

5 シャワーグラスを4の側面に貼りつける。

6 断面でモスが見えているところに接着剤をつけ、人工芝生パウダーを貼りつける。

これをポットの中に入れる

7 ガラス製のティーポットの中に入れる箱庭のパーツが完成。

組み立てと仕上げ

くずれないように

1 前側の半分をやさしく持ち、裏側の開口部からティーポットに入れる。

2 中で1を少し回し、表側からきれいに見えるように移動する。

長いものは手で軽く押さえる

3 後ろ半分を裏側の開口部からティーポットに入れる。

4 ローズが正面に位置するように土台を回転させて向きを調整する。

5 開口部は木や林が見える位置に。

その後の管理

直射日光が当たらない、高温多湿を避けた場所に飾り、ほこりがたまらないように注意する。

容器とミニチュアグッズ、多肉植物を組み合わせて

箱庭づくりに慣れてきたらいろいろな容器に、ミニチュアグッズと多肉植物で、世界にひとつだけの箱庭を作ってみましょう。

シンプルでかわいいプリンカップやケーキ型に穴をあけ、ストーリーを思い浮かべながら多肉植物を植えつけてお庭を作っていきます。組み合わせ方は無限大。あなただけの箱庭を作ってみませんか。

ミニチュアグッズはくるみガーデンのオンラインショップでも購入できます。（→110ページ参照）

浅めのデザートカップにミニミニハウスやとんがり屋根のおうちを置き、アイアンフェンスや木の扉つきアーチ、看板ピック、きのこなどを配置して、さまざまな多肉植物を植えつけた。

パウンドケーキ型に白いウッドフェンスや木のアーチ、テーブルとイス、小さなカゴを置いてカラフルな多肉植物をたっぷりと植えつけた。ミニチュアのティーセットがよく似合う。

丸いケーキ型に3階建てのミニミニハウス、白い石造りの噴水にアイアンフェンスと木の扉つきアーチ、いろいろなエケベリアとレフレクサムなどのセダムを組み合わせている。

Chapter 4

ミニチュアガーデンで使う
植物図鑑

多肉植物やサボテン、ドライフラワー、木の実など、
ミニチュアガーデンで使いたい
おすすめの植物たちをご紹介します。
お気に入りの植物をみつけてください。

多肉植物

プリッと膨らんでいたり、モリモリ伸びたり、形や色がかわいい多肉植物たち。箱庭に植えるときのタイプ別におすすめの種類をご紹介します。

［メインやアクセントに］

ピーチ姫 (ぴーちひめ)
ベンケイソウ科　グラプトセダム属

ピンクがかわいいブロンズ姫の斑入りです。季節によって色合いが変わります。寒さに強く、丈夫で育てやすくて寄せ植えにも使いやすいです。

フロリディティール
ベンケイソウ科　エケベリア属

別名、フロリディティ。寒くなると葉の先と縁が鮮やかに紅葉して、とてもきれいです。ポイントに植えると箱庭が華やかになるエケベリアです。

スカイワールド
ベンケイソウ科　エケベリア属

さわやかなパウダーブルーの葉で、晩秋から外側の葉がほんのりとピンクを帯びます。整ったロゼット形で、箱庭や寄せ植えが明るくなります。

虹の玉 (にじのたま)
ベンケイソウ科　セダム属

くるみガーデンの作品によく登場する多肉植物です。紅葉が美しく、キイチゴみたいなイメージで箱庭に植えてみてください。かわいらしさが引き立ちます。

紅日傘 (べにひがさ)
ベンケイソウ科　エケベリア属

箱庭に使うと、小輪のバラをイメージしたすてきな花壇ができ上がります。分枝しやすく、茎が上に向かって木立ち状に伸びて、赤紫色に紅葉します。

ザラゴーサ
ベンケイソウ科　エケベリア属

ふっくらしたロゼット形にキリッとした爪が特徴。爪の色に深みがあるので、落ち着いたイメージの箱庭や寄せ植えによく似合います。

リトルビューティー
ベンケイソウ科　グラプトセダム属

少し草丈が高く伸びて、小輪のロゼット形の葉をつけます。やさしい色合いなので調和しやすく、背の高い花をイメージして植えるとよいでしょう。

オーロラ
ベンケイソウ科　セダム属

紅葉するとピンクの小さな粒のような葉がとてもかわいい、大好きな多肉植物です。どんなシーンにも似合うので、つい植えたくなってしまいます。

桜牡丹 (さくらぼたん)
ベンケイソウ科　グラプトセダム属

別名、ゴースティー。ほんのりと淡いピンクがやさしい印象で、寄せ植えや箱庭をやさしく包んでくれるイメージです。植えると甘い雰囲気になります。

レッドベリー

ベンケイソウ科　セダム属

その名のとおり、小さくて赤い実のイメージです。ノイチゴなどを思わせるかわいい葉で、小さな箱庭にとても似合うため、たくさん増やしたくなります。

姫愁麗（ひめしゅうれい）

ベンケイソウ科　グラプトペタルム属

小さくてふっくらした葉が魅力。寒い季節によく日に当てて育てると、ほんのりと淡いピンクに染まり、箱庭全体をかわいらしくしてくれます。

マッコス

ベンケイソウ科　セデベリア属

丈夫で育てやすく、周囲に子株を出しながら増えます。葉は明るい緑色をしていますが、紅葉の季節は緑色が赤くなり、さらにきれいに見えます。

ラウイ

ベンケイソウ科　エケベリア属

白い粉をまとった姿が美しく、人気があります。葉に触れると粉がとれてしまうので、鉢に1株植えてじっくり楽しみたい多肉植物です。

ピンクルルビー

ベンケイソウ科　グラプトベリア属

別名、バッシュフル。つやのあるピンクの葉がきれいで、箱庭の花壇にポイントとして植えると効果的です。紅葉すると赤みが強くなります。

チワワリンゼ

ベンケイソウ科　エケベリア属

別名、桃太郎。人気の交配種で、箱庭のポイントになります。鮮やかなブルーの葉に赤い爪のコントラスト、キュッと詰まった形は目を引きます。

スワンレイク

ベンケイソウ科　エケベリア属

反り返った形の葉が印象的。寄せ植えや箱庭にアクセントを加えるときなどに、抜群の存在感を発揮します。白い粉をまとったニュアンスカラーの葉です。

乙女心（おとめごころ）

ベンケイソウ科　セダム属

葉の先が赤くなる紅葉や、ぷっくりとした葉がかわいらしいです。成長すると草丈が伸びるので、箱庭で木に見立てたいときなどに使います。

ハニーピンク

ベンケイソウ科　エケベリア属

寒さに当たると紅葉して、きれいなピンクに染まります。コンパクトなロゼット形になるので、バラのイメージで箱庭に植えるのがおすすめです。

ラブリーローズ
ベンケイソウ科　エケベリア属

バラのように整ったロゼット形で、薄いピンクに染まる紅葉が美しく、人気の品種です。箱庭に植えると、華やかでポイントになります。

アルジェ
ベンケイソウ科　エケベリア属

やさしい色合いで主張しすぎないため、どんな箱庭にも植えやすいです。少し丸みのある葉がかわいらしく、成長すると上に向かって伸びます。

プロリフェラ
ベンケイソウ科　セダム属

小さな子株がどんどんまわりに増えていき、寄せ植えや箱庭にぴったりです。プリッとした小ぶりなロゼット形がかわいらしくて目を引きます。

ホワイトミニマ
ベンケイソウ科　エケベリア属

エケベリアの中でもミニマの仲間は、葉が細かくて色もきれいなので、どんな箱庭にも使いやすいです。交配親のミニマよりも明るい葉色です。

ロッティ
ベンケイソウ科　セダム属

ぷっくりとした葉に青みがかった白い粉をうっすらとまとい、とてもきれいです。ロゼット形に整った姿も魅力的で、箱庭に植えるとかわいいです。

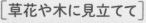

［草花や木に見立てて］

木立ちブレビフォリウム
ベンケイソウ科　セダム属

セダムの中でも小さな木のようなきれいな立ち姿になるので、箱庭の木に見立てて植えるのにおすすめ。丸みを帯びた細い葉が小さな寄せ植えにも合います。

七宝樹（しっぽうじゅ）
キク科　セネシオ属

とても印象的な形をしているので、大きめの箱庭を作るときなどに植えたい多肉植物。単調になりすぎず、作品全体のバランスがよくなります。

パンクチュラータ
ベンケイソウ科　クラッスラ属

茎がしっかりた木のような形になり、何本かまとめて植えると林のように見えます。箱庭で木を表現するには欠かすことのできない品種です。

レフレクサム
ベンケイソウ科　セダム属

細い葉が密になって生えるので、箱庭ではコニファーに見立てて使います。丈夫で育てやすく、手軽に植えることができるので、とても便利です。

パープルヘイズ
ベンケイソウ科　セダム属

ぷっくりとした小さな粒状の葉が
かわいくて、寄せ植えや箱庭に
向いています。晩秋から真冬にな
り、寒さに当たるときれいな紫色
に紅葉します。

斑入りパリダム
ベンケイソウ科　セダム属

やさしいグリーンの葉で、周囲に
どんな色の多肉植物を植えても
合わせやすいため、箱庭の草木
に見立てます。たくさん増やして
おきたい品種です。

ブレビフォリウム
ベンケイソウ科　セダム属

別名、姫星美人。葉がとびきり
細かいので、箱庭では草花に見
えてかわいいです。少し草丈が
伸びると、葉の中から花が伸び
てきて咲いているように見えます。

アクレアウレウム
ベンケイソウ科　セダム属

葉の先が黄色く紅葉するので、
箱庭に植えるとナノハナや黄色い
花に見えます。繊細なので、箱
庭の花壇の隙間に植えたり小道
の葉や小花に見立てます。

パリダム
ベンケイソウ科　セダム属

丈夫で成長が旺盛なので植えた
あとの活着がよく、安心して植え
られます。箱庭の草木として使い
がってがよく、大活躍するセダム
です。

サクサグラレ モスグリーン
ベンケイソウ科　セダム属

細かい葉が密に生え、茎がしっ
かりしているので植えやすいです。
エケベリアの隙間に植えて葉に見
えるように使います。丈夫で育て
やすいです。

ブロウメアナ
ベンケイソウ科　クラッスラ属

寒さがやや苦手なので、真冬は
霜の当たらない場所で育てます。
葉の形が花壇に咲いている草花
のように見え、白い花がたくさん
咲くのも魅力です。

マジョール
ベンケイソウ科　セダム属

先端の葉がきれいなロゼット形に
なっていて、まるでエケベリアのミ
ニチュアのように見えるセダムです。
小さな箱庭にとても似合います。

ゴールデンカーペット
ベンケイソウ科　セダム属

輝くような黄緑色の葉で、少し植
えただけでも明るく華やかなイメ
ージに。箱庭の花壇などに植える
ときは、黄色い小さな草花に見
立てます。

サボテン

ふわふわのトゲやドット状に並んでいる刺座（しざ）（トゲの生えているつけ根の部分）が水玉模様みたいなものも。箱庭に似合う、かわいいサボテンたちをご紹介します。

ペンタカンサ

サボテン科　ギムノカリキウム属

つるっとした緑色の肌がきれいでトゲの形がお星さまみたい。トゲが少ないのでサボテンを触ることに慣れていない人でも、手軽に植えられます。

紅小町（べにこまち）

サボテン科　パロディア属

全体を白いトゲが覆っていますが、頭頂部は赤くてかわいいです。草丈7〜8cmまで育てると、黄色でとてもきれいな花が咲きます。

翠晃冠錦（すいこうかんにしき）

サボテン科　ギムノカリキウム属

ピンクや黄色の斑の模様がとてもカラフルなサボテン。草丈6〜7cmくらいの大きさでも、白くてきれいな花が咲くのが魅力です。

LB2178

サボテン科　ギムノカリキウム属

近年になってから発見されたといわれている、シマシマ模様が印象的なサボテンです。まだ珍しいので、入手できる機会は少ないかもしれません。

小町（こまち）

サボテン科　パロディア属

やさしい白いトゲがきれいで、寄せ植えや箱庭にもよく似合います。草丈7〜8cmまで育てると、鮮やかな黄色できれいな花が咲きます。

銀手毬（ぎんてまり）

サボテン科　マミラリア属

小型で、頭頂部から子株がひょっこり出てきてかわいい。小さくてもピンクのきれいな花が咲きます。子株を土に挿して増やします。

銀河（ぎんが）

サボテン科　マミラリア属

短いトゲの間から、白いフサフサの毛が生えてくるのが特徴です。この1種類だけをひとつの鉢や容器に植えても存在感があります。

松霞（まつがすみ）

サボテン科　マミラリア属

花が咲いたあとに結実して出てくる赤い実が、コロンとしていてかわいいです。小型のサボテンで、寄せ植えや箱庭に向いています。

金晃丸（きんこうまる）

サボテン科　パロディア属

全体を覆うように生える黄色くて細いトゲが、とてもきれいです。明るい黄色を帯びたサボテンは、寄せ植えや箱庭のポイントに活躍します。

赤刺金手毬 (あかとげきんてまり)

サボテン科　マミラリア属

細くてやわらかいサボテンで、とても扱いやすく、初心者にもおすすめ。小さくてかわいい花がよく咲くのもうれしいところです。

幻楽 (げんらく)

サボテン科　エスポストア属

白くて長い毛がふわふわと全体を覆って生えるのが特徴で、人気があります。寄せ植えや箱庭に使うと存在感があり、目を引きます。

老楽 (おいらく)

サボテン科　エスポストア属

白い毛がふわっと生えて、背が高く伸びやすいサボテンです。寄せ植えや箱庭ではポイントにしたり、後ろ側に植えるとよいでしょう。

麗蛇丸 (れいだまる・れいじゃまる)

サボテン科　ギムノカリキウム属

赤褐色に紅葉するサボテンです。生育がおだやかで草丈が低いので、寄せ植えなどではいちばん手前に植えるとよいでしょう。

大豪丸 (だいごうまる)

サボテン科　エキノプシス属

緑色の肌がきれいで、トゲが短いです。植えやすく、しかも丈夫で育てやすいサボテンです。おまんじゅうみたいな姿がかわいいです。

金洋丸 (きんようまる)

サボテン科　マミラリア属

金色の細かいトゲが美しく、寄せ植えや箱庭のアクセントになります。小さくても鮮やかな金色のトゲと黄緑色の丸形の姿が、目を引きます。

高砂 (たかさご)

サボテン科　マミラリア属

3cmくらいの小さな株でも春にピンクの花が咲きます。ウサギの耳を模した「うさみみちゃん」の寄せ植えの頭部として使うこともあり、ふわふわの白い毛が魅力です。

大仏殿 (だいぶつでん)

サボテン科　エキノケレウス属

ぷっくりしてかわいいサボテンで、トゲが少なくて植えやすいです。大きく成長すると黄色い花が咲いてきれいなので、じっくり育ててください。

黄金司 (こがねつかさ)

サボテン科　マミラリア属

トゲを触っても痛くないので植えやすく、初心者にもおすすめです。小さな株でも子株がよく増えます。1種類だけを鉢に植えてもかわいいです。

雪晃 (せっこう)
サボテン科　パロディア属

朱赤の花が咲くと華やかで、春が楽しみになります。頭頂部が少しへこんだ、ひらべったいおまんじゅうみたいな形が、なんともいえません。

ゴールデンバニー
サボテン科　オプンチア属

子株が生えるとウサギの耳のように見えます。ウチワのように薄いので、ちょっとした隙間にも植えられます。細かいトゲが手に刺さりやすいので注意します。

黄刺ウチワ (きとげうちわ)
サボテン科　オプンチア属

ゴールデンバニーよりも少しがっちりしたサボテンです。寄せ植えや箱庭でとても使いやすく、なんともいえないかわいらしさです。

バニーカクタス
サボテン科　オプンチア属

別名、白桃扇。白いトゲがとてもきれいで、子株が生えるとウサギの耳ように見えることがあります。そのまま植えてもかわいくて、どこでも活躍するサボテンです。

赤刺ウチワ (あかとげうちわ)
サボテン科　オプンチア属

モスグリーンの肌に赤いトゲがよく映えて、存在感があります。ポイントになるほか、周囲にサボテンや多肉植物を植えても調和しやすいです。

玉翁 (たまおきな)
サボテン科　マミラリア属

濃いピンクの花が花冠のようにぐるっと一周咲きます。白い毛がきれいですが、触ると中に硬いトゲがあるので注意します。丈夫で育てやすいです。

景清 (かげきよ)
サボテン科　マミラリア属

頭頂部のまわりに輪のように白い毛が生えます。1種類を1鉢に植えるか、ポイントに使います。小さなピンクの花がとてもかわいいです。

カルメナエ
サボテン科　マミラリア属

トゲがやわらかく、ふわっと全体を包むように広がって、やさしい印象のサボテン。成長すると、春にたくさん花が咲くようになります。

白星 (しらぼし)
サボテン科　マミラリア属

触っても痛くない白い毛が生えます。子株が周囲に増えやすく、雲みたいにふわふわと大きくなるので、鉢に植えてゆっくり楽しみます。

姫春星 （ひめはるぼし）

サボテン科　マミラリア属

トゲが真っ白でとてもきれいです。トゲは触っても痛くないので、初心者でも安心。子株をはずして挿し木で増やすこともできます。

芳香丸 （ほうこうまる）

サボテン科　マミラリア属

小さな株のうちから明るい黄色の花が楽しめます。繊細なトゲがきれいで、かわいい器にこれだけを植えてあげるとよく似合います。

緋牡丹 （ひぼたん）

サボテン科　ギムノカリキウム属

赤色や黄色にピンクとカラフルなサボテンで、緑色のサボテンに接ぎ木をしています。こんなにカラフルなのに、さらに白い花が咲きます。

牡丹玉 （ぼたんぎょく）

サボテン科　ギムノカリキウム属

緋牡丹などは、このサボテンの改良種です。紫がかった色がとてもきれいで、寄せ植えのポイントとして使うのがおすすめです。

グラッシー

サボテン科　マミラリア属

白くて少し伸びた毛がかわいいサボテンです。小さなうちから群生するので、浅い器に植えると、さらにかわいさが引き立ちます。

翠晃冠 （すいこうかん）

サボテン科　ギムノカリキウム属

肌の色は渋い緑色なのに白くて美しい花が咲くのは、なんだか不思議です。大きくなると毎年花が咲くのを楽しみになります。

サボテンのタネ

花が咲き終わったあと、結実するとタネ袋ができます。やがてタネ袋が割れて中から黒い小さな粒が出てきます。これはフライレア属貂の子（てんのこ）のタネで、確実に発芽させるには、タネを集めて洗ってから土の表面にまきます。早ければ数日で発芽します。

サボテンの花を咲かせるコツ

サボテンの花を咲かせるには、よく日に当てて育てること。そして冬の寒さに当てることです。サボテンの自生地は砂漠で夜がとても寒く、0度くらいでは耐えられます。ただ、霜は苦手なので、霜に当てないように注意しましょう。真冬は水やりを控えめにし、春に暖かくなったらたっぷり水やりすると、かわいい花が見られるでしょう。

ユーフォルビア

コロンと丸かったり、サボテンのようにトゲトゲだったり、ユニークな形が魅力のユーフォルビア。小さな箱庭に使いやすい品種をご紹介します。

［木に見立てたりアクセントに］

オベサ

トウダイグサ科　ユーフォルビア属

丸くておまんじゅうみたいにふっくらした形。トゲがない玉サボテンのようで、表面に細かい模様があり、育つと円柱形になります。

笹蟹丸（ささがにまる）

トウダイグサ科　ユーフォルビア属

根塊の上から出ている細長い葉がかわいらしくて、トゲトゲもチャーミングな姿。成長とともに下のほうから木質化して、味わいが増します。

ソテツキリン

トウダイグサ科　ユーフォルビア属

南の島のヤシの木を思わせるユニークな形です。ゴツゴツした幹が名前のようにソテツに似ています。丈夫で育てやすいです。

峨眉山（がびざん）

トウダイグサ科　ユーフォルビア属

大きくなってもコロンとしていて、パイナップルみたいな姿です。育てやすくて、大きくなると周囲に子株を出して増えます。

白樺キリン（しらかばきりん）

トウダイグサ科　ユーフォルビア属

白っぽいミルキーな肌とすらっとした姿が魅力的です。柱サボテンのような形で、冬はうっすらとピンクになります。

瑠璃晃（るりこう）

トウダイグサ科　ユーフォルビア属

別名、スザンナエ。イガイガのボールみたいな形が、なんともいえないかわいらしさです。小さな黄色い花が頭頂部に咲きます。

オベサ梵天（おべさぼんてん）

トウダイグサ科　ユーフォルビア属

上がゴツゴツとした丸い形で伸びると円柱状になり、下が木質化しやすいため茶色くなります。子株がポコポコ増えてうれしくなります。

プルビナータ・ナナ

トウダイグサ科　ユーフォルビア属

頭の触角のようなトゲとニョキッと出た子株が怪獣みたいなイメージです。子株を周囲にたくさん吹き出しながら成長します。

紅彩ロリカータ（こうさいろりかーた）

トウダイグサ科　ユーフォルビア属

赤いトゲをたくさん出しながら、柱状に伸びます。トゲがみんな上を向いている姿がかっこよく、箱庭のアクセントになります。

木の実

色や形がかわいい木の実は、サボテンや多肉植物に添えたり、ドライフラワーを組み合わせて箱庭に登場させましょう。おすすめの木の実たちをご紹介します。

パームベリー

南の島の果物みたいに見えて、何だかおいしそうなイメージです。表面の模様がエキゾチックな木の実です。

カスリナ

ギザギザの表皮が、丸いブラシのようです。森の妖精たちが、このブラシで動物たちの毛づくろいをする姿を思い浮かべて。

サンキライ

ミニチュアガーデンでは、赤いリンゴに見立てて使っています。大きくて真っ赤なリンゴのイメージにぴったりです。

カネラブランチ

うろこ模様の木の実は、くるみガーデンの街の湖や水辺によく落ちている設定。妖精たちが水筒として大事に使います。

アンバーナッツ

木の実のベルとして使い、箱庭ではアーチにこの実をぶら下げています。カランコロンとかわいい音色が聞こえてきそうです。

タマラックコーン

小さな松ぼっくりみたいな形です。どの作品にも合わせやすく、サボテンの寄せ植えのトッピングにするのがおすすめ。

レッドガムブランチ

森の妖精が落としていく鈴に見立てます。切れ込みの形も星形で、穴が見えるようにガラスの小瓶に入れて使います。

ユーカリポポラス

放射状に集まった小さな実。高い木の上のほうにつけると、木の実が楽しそうにおしゃべりしているみたいな情景になります。

スターアニス

森の宝石という設定で使います。尖ったところが欠けていない、きれいな花の形で見つかったときは、うれしくなります。

プッカポッド

まるでミニチュアのカボチャみたいな形がユニーク。箱庭の森では、妖精たちの大好物の果実として登場させています。

ヒメグルミ

くるみガーデンのアイコンにしている大好きなハート形の木の実。普通のクルミより殻が薄いので小さな作品に似合います。

クルミ

殻が厚いので割れにくく、とても丈夫です。庭で通路に敷いたりして使うと、ガーデンがおしゃれになるのでおすすめ。

ケムフルーツ

くるみガーデンの箱庭に小人が隠している木の実という設定で使っています。

ノバラの実

小さな赤い実がアクセントにぴったりです。姫リンゴに見立てて、寄せ植えや箱庭に使ってみて。

ヤシャブシ

ヘタが幹に見えて、実の部分がかわいい木みたい。ジオラマや箱庭で木のある景色をつくりたいときに便利です。

ペッパーベリー

モモみたいにきれいなピンクの木の実。作品に使うとかわいらしくて、華やかになります。

マッシュルームガムブランチ

100年モノのキノコを思わせるような、ユニークな色と形。箱庭では不思議なキノコのイメージです。

ユーカリグロボラス

全体に粉雪がかかったみたいな白い木の実です。ほかの木の実にはない、色や形で、雪の精のよう。

ボタンガム

深い切れ込みを見せ、正面を意識して配置。妖精たちが実の切れ込みにプレゼントを詰める姿を思い浮かべて。

バクリ

チューリップみたいな形です。くるみガーデン初期の作品では、さびたくぎに針金で束ねてくくり、ピックとして使いました。

メキシカンハット

少し大きめなので存在感があり、つばの広い特徴的な形を生かして使います。森を訪れる旅人の帽子のようです。

メリディアナム

波打つひだの裏側が白く、粉砂糖をかけたお菓子みたいな形。遠い国の王様が好きなチョコレートを連想します。

シダーローズ

妖精たちが作ったバラの彫刻というイメージです。さびたくぎに針金で束ねてくくり、ピックにしてもすてきです。

ブルーマリー

アンティークのような味わいがある白は、目を引きます。穴のあいた形が、雪の精たちのワイングラスに見えます。

チョロナッツ

大きな穴の反対側を見ると、小さな花形の穴があります。妖精たちが穴をかたどって花を作り出すという設定です。

ユーカリエキゾチカ

先が尖っているので、妖精はこの実を使って葉っぱに文字を書いたり、妖精の赤ちゃんが絵を描くクレヨンになります。

ユーカリクラスターブランチ

細長いつぼ形の木の実が集まっています。小人の家の玄関先に並べてみたくなります。

コニカルガムブランチ

ひとつの枝からいろいろな方向を向いて、十字形の切れ目が入った実がついています。まるで森の夜を照らすライトのよう。

マウンテンジュニパー

珍しい、小さな青い実です。妖精の森では夜になると青く光り、森の道しるべになってくれるのです。

クヌギ

クヌギの帽子は、森で集めた木の実を入れるバスケット。実は大きくて丸いので、妖精たちがボールとして遊びます。

アカガシ

アカガシの帽子は、暖かい産毛があり、冬の帽子にぴったり。白い毛のあるサボテンの頭にかぶせて使います。

コナラ

コナラの帽子は、妖精たちが木の実のすり鉢として使いやすいサイズ。帽子のフシがすりこぎ棒になります。

ドライフラワー

くるみガーデンの箱庭では、ドライフラワーやプリザーブドフラワーを木や花に見立てて使います。ドライフラワーと木の実を組み合わせてもすてきです。

［花やアクセントに］

レッド

ピンク

ナチュラル

センニチコウ

コロンと丸くて形崩れしにくいので、使いやすいです。木の実と一緒にガラスボトルに詰めて楽しむこともできます。

ブルー

ピンク

ライラック

ラグーングリーン

カスミソウ

小さくて花びらが幾重にも重なっているので、箱庭ではミニチュアのバラに見立てて使うこともあります。

ホットピンク

ナチュラル

ホワイト

ライスフラワー

その名のとおり、米粒のように小さな花が集まっています。ミニチュアリースやガーデンで大活躍します。

シルキーピンク

フランボワーズ

エンジェルパープル

ヘリクリサム
クリスパム

小さな花が集まっているので、切り分けてサクラの木として使ったり、お花畑をイメージして使うこともあります。

エンジェルパープル

オフホワイト

グリーン

ピンクベージュ

シャワーグラス

葉がとても細かくて茎も細長いので、ミニチュアの木や草花に見立てます。色ごとにグルーピングして使います。

ピンク

オフホワイト

モリソニア

まるで草原の草花を思わせるほど繊細な茎と花です。カスミソウに似ていますが、やや茎が丈夫でしっかりしています。

白・グリーン

白・ローズ

ミニカスミソウ

とても小さいので、ミニチュアガーデンの中でも小さな草花として活躍します。花が小さな粒のようです。

グリーン

ウォッシュピンク

ウォッシュラベンダー

ソフトストーベ

針葉樹の様な形をしているので、ミニチュアの木に見立てて使います。主に林や森の木として登場します。

グリーン

ピーコックグラス

シャワーグラスよりさらに繊細な形をしているので、短めに切って細い草花としてミニチュア作品に使います。

ライトグリーン

アマランサス

やわらかくてとても使いやすいので、小さくカットして箱庭の地面に生えている草花に見立てています。

余ったドライフラワーをかわいらしく飾る

箱庭を作るときに、切ったドライフラワーの端材が出ます。集めてジャムの小さな瓶などに入れてあげるだけでも十分かわいいディスプレイになります。

イエロー

白

エンジェルイエロー

ブルー

ソフト ミニカスミソウ フレア

繊細でやわらかく、花のつぼみがたくさんついているように見えます。ミニチュアの花畑に生えている草花として活躍します。

[プリザーブドフラワー]

パールホワイト

ヌードピンク

ホットピンク

マイクロローズ

箱庭では華やかな大輪のバラに見立ててイメージをふくらませます。主に花をローズガーデンの主役として使います。

ドライフラワーと木の実をすてきにディスプレイ

木の実の森のガラスのツリー

ガラスのツリーの中には妖精たちの宝物がいっぱい。模様の美しい木の実や形の珍しい木の実、花も入って、まるで森の恵みの標本です。森の四季の物語がツリーに詰め込まれています。

■ 作り方

ガラスボトルを逆さまにして開口部を上に持ち、長いピンセットで花や小さな木の実をつかんで外側からきれいに見えるように向きを見てコナラ、ペッパーベリー、レッドガムブランチ、ライスフラワーなどを入れます。中心部分にはアイスランドモスをクッションに入れ、木の実や花が動かないようにしっかりと押しながら詰めるのがポイント。

お花と木の実いっぱいの森の宝箱

妖精の森を散歩して、摘んだ花や木の実を詰め込んだ宝箱を表現しました。自然を愛する妖精たちからのメッセージが込められています。

■ 作り方

小さめの木の実やドライフラワーを選び、アイスランドモスを敷きます。集めた花や葉、木の実をひとつずつピンセットでていねいに詰め、ふたをあけたとき上を向くように入れます。

87

DIYで作った小さな庭

くるみガーデンの庭には、DIYで作ったガーデンデスクや棚、モルタルで作ったテラス、レンガの小道や枕木のゲートなどがあります。庭には季節ごとに咲く草花を植えたり、多肉植物の箱庭を飾っています。とくに多肉植物の寄せ植えを作ったり、寄せ植えを手直ししたりするデスクは、便利で使いやすいのでお気に入りのコーナーになっています。小さくても少しずつ時間と手間をかけて育んできた、大切な物語が詰まった庭になっています。

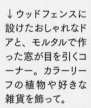

秋にはヘンリーヅタの紅葉やかわいい実が連なる、レンガと漆喰で作った壁面の花壇。

↓ウッドフェンスに設けたおしゃれなドアと、モルタルで作った窓が目を引くコーナー。カラーリーフの植物や好きな雑貨を飾って。

コンクリートブロックを上に重ねて、その上に厚めの板をのせただけの簡単デスク。デスクの前にある格子の窓はPiece of Mindの加藤孝幸さんにモルタルで作ってもらった。

早春から春は、庭のあちこちに咲いたクリスマスローズを水に浮かべて。

夏に咲くアメリカノリノキ'アナベル'は、淡いグリーンの花がたっぷり咲く。

加藤孝幸さんに作ってもらったモルタルのデッキには、くるみガーデンの文字が刻印されている。

Chapter 5

ミニチュアグッズの
作り方とメンテナンス

ストーリーのあるすてきな箱庭作りに使いたい
ミニチュアグッズの作り方と、
作った箱庭のリフォームの方法などをご紹介します。

Recipe 1 看板ピック

用意するもの

■1個分
ウッドマドラー（140 mm×6 mm）：1本
小枝（太さ約2 mm、長さ100 mm程度）：1本
耐水性ボールペン（太さ0.3 mm）、クラフトハサミ、
アクリル絵の具（白）、耐候性ニス、
耐水性木工用接着剤（速乾タイプ）、筆、トレイ

＊ここでは、身近な材料で手軽に作れる方法をご紹介しています。

パーツを作る

約15 mm

1
ウッドマドラーの丸くなっている端を切り、約15 mmのところに印をつける。

2
1をクラフトハサミで約15 mmに切る。お好みで長くしてもよい。

3
小枝を約50 mmの長さに、切り口が斜めになるように切る。

側面も忘れずに

4
2にアクリル絵具を塗る。裏側や側面もすべて塗る。

組み立てる

1
耐水性の細いボールペンで好きな文字を書く。

接着剤はたっぷりめに

2
速乾性タイプの耐水性木工用接着剤で1の裏側に小枝をつける。

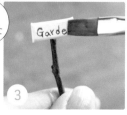

3
約30分たって接着剤が乾いたら2の表面の全体に耐候性ニスを塗る。

ニスを塗ると長持ち

4
耐候性ニスが乾いたら完成。

How to make 難易度＊ 作業時間●約45分

Recipe 2 ちょうちょうピック

用意するもの

■1個分
サテンリボン（幅13mm）：30mmくらい
針金（太さ0.45mm、長さ500mm）：1本
耐水性ボールペン（太さ0.3mm）
裁ちバサミ、ラジオペンチ、耐候性ニス、筆、トレイ

パーツを作る

しっかりと塗る

① サテンリボンを30mmくらいの長さに切る。

② 筆に耐候性ニスをつけて1にまんべんなく塗って固める。

③ 2が乾いたら上辺7mm、下辺4mm、高さ5mmの台形に切り出す。

④ 3の裏面に細いボールペンでちょうちょうの形に下書きをする。

⑤ 4の下書きに沿ってちょうちょうの形に切り出す。

⑥ 針金をラジオペンチで長さ50mmに切る。

組み立てる

① 切った針金の端を2mmくらい、小さく曲げる。

引っかけて引っ張る

② 1をちょうちょうのパーツの上側に引っかけ、引っ張ってパーツのくぼみにかける。

中央のくぼみにかける

③ 2の針金をラジオペンチでつぶし、針金をちょうちょうパーツに固定する。

つぶす

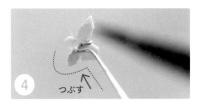

④ 針金をちょうちょうパーツの下側のくぼみに入れてラジオペンチでつぶす。針金ごと全体に耐候性ニスを塗り、乾いたら完成。

Recipe 3 ガーデンアーチ

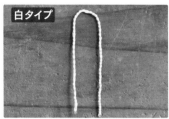
白タイプ

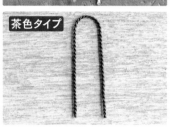
茶色タイプ

用意するもの

■1個分
針金（太さ0.45㎜、長さ300㎜）：1本、竹串、ラジオペンチ、
耐候性ニス、筆、トレイ、アクリル絵具（白）、メラミンスポンジ
茶色に仕上げるとき　アクリル絵具（茶色）、耐候性ニス、筆

組み立てる

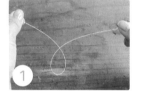
1 針金を中央で交差させて輪を作る。

2 針金を左右に引っ張って輪を小さくする。

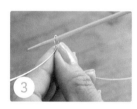
3 輪の中に竹串を入れる。

4 左右に針金を引いて引き締める。

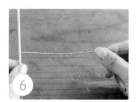
5 120度に開きながら2本の針金をねじっていく。

120度

6 5を約100㎜までねじる。

7 6の中央を筆の柄に当ててアーチのカーブを形成する。

着色と仕上げ

1 筆にアクリル絵の具をつけて形成したアーチに塗る。

2 ラジオペンチで余分な針金をおおまかに切る。

3 2をメラミンスポンジに差して塗料を乾かす。

4 筆に耐候性ニスをつけて3を塗り、メラミンスポンジに差して乾かす。

5 ニスが乾いたらラジオペンチで下側の長さを切りそろえる。

How to make 難易度＊ 作業時間●約45分

Recipe 4 くぎのフェンス

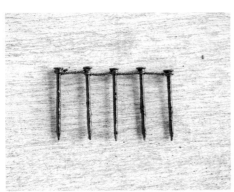

用意するもの

■1個分
さびた丸くぎ（長さ22mm、太さ1.52mm）：5本
さびた針金（太さ0.45mm、長さ190mm）：1本
ラジオペンチ、耐候性ニス、筆、トレイ、アクリル絵具（茶色と白）

＊さびたくぎがないときは、組み立ててから
　アクリル絵の具の茶色を塗って仕上げます。

組み立てる

1
針金を中央で交差させて輪を
作る。

2
輪の中にくぎを入れて左右
に軽く引く。

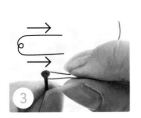

3
2の針金の両端をまとめ、
手前に引いて針金を引き
締める。

4
3の針金を引き締めな
がら4回ひねる。

（4回ひねる）

5
2本目のくぎを針金の間にはさ
み、片側の針金を1周回して
から引き締め、4回ひねる。

6
同様にくぎを5本まで針金
でつなげる。5本目をつな
げたら2回ひねる。

7
余分な針金をラジオペ
ンチで切る。

8
針金の端をラジオペン
チで内側に押し曲げ
てつぶす。

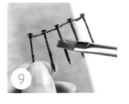

9
全体にむらなく筆で耐候
性ニスを塗る。

白いフェンスにするには

白いアクリル絵の具を
塗り、仕上げに耐候性
ニスを塗ります。さびた
くぎや針金がないとき
は、フェンスを組み立
ててから白く塗り、茶
色で薄く塗ります。

Recipe 5 超ミニミニハウスピック

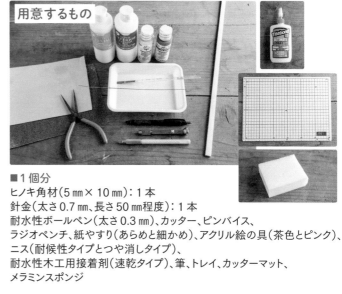

用意するもの

■1個分
ヒノキ角材（5mm×10mm）：1本
針金（太さ0.7mm、長さ50mm程度）：1本
耐水性ボールペン（太さ0.3mm）、カッター、ピンバイス、
ラジオペンチ、紙やすり（あらめと細かめ）、アクリル絵の具（茶色とピンク）、
ニス（耐候性タイプとつや消しタイプ）、
耐水性木工用接着剤（速乾タイプ）、筆、トレイ、カッターマット、
メラミンスポンジ

＊ここでは、身近な材料で手軽に作れる方法をご紹介しています。

パーツを作る

> ハウスの形ができた

① 作業しやすいように、約50mmのところに印をつけてカッターで切る。

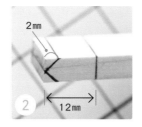

② 1を長さ12mm、上になる面の中央から左右に2mmずつ下がったところに線を引く。

③ 屋根になる部分をカッターで切る。

④ 下の線に合わせてカッターで切る。

⑤ 4の底面にピンバイスで深さ3〜5mmの穴をあける。

⑥ あらめの紙やすりで5の角をとる。

⑦ 細かめの紙やすりで表面をなめらかにする。

組み立てる

① 針金をラジオペンチで約40mmに切る。

94

両わきも忘れずに

②耐水性木工用接着剤を針金の端につけてハウスの底の穴に差し込んで固定する。

③2の側面にピンクのアクリル絵具を塗る。

④屋根に茶色のアクリル絵の具を塗る。

⑤メラミンスポンジに差して塗料を乾かす。

仕上げ

①耐水性ボールペンでハウスに扉や窓を描き入れ、側面にも窓や植物を描く。

②1の表面全体に対候性タイプのニスを塗る。

③2が乾いたらつや消しタイプのニスを塗る。

④ニスが乾いたら完成。

How to make 　難易度 ＊ 　作業時間●約30分

Recipe 6 ミニミニハウス

＊ここでは、あらかじめ屋根の部分を切り落として茶色に塗った角材を使用しています。普通の角材から作る場合は、上面の中心から左右に10mmのところで切って三角屋根にし、屋根に茶色のアクリル絵の具を塗ってください。

装飾をする

①角材の側面に白のアクリル絵の具を塗る。

②1で塗った塗料を乾かす。

用意するもの

■1個分
角材（23mm×23mm×38mm）：1個
アクリル絵の具（白）、ニス（耐候性）
筆、トレイ、油性スタンプ台、スタンプ

③油性のスタンプ台を使い、2にスタンプを押す。

④全体にむらなく耐候性ニスを塗り、乾いたら完成。

How to make　難易度＊＊　作業時間●約1時間15分

Recipe 7　白いウッドフェンス

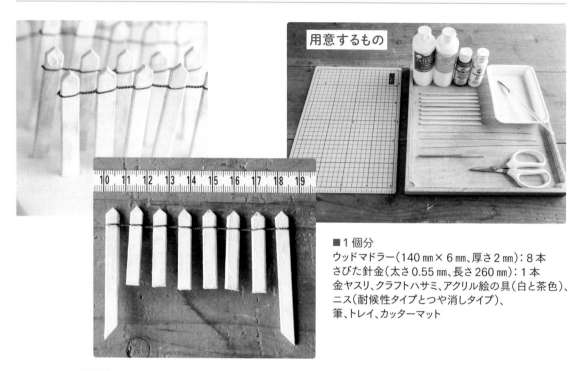

■1個分
ウッドマドラー（140㎜×6㎜、厚さ2㎜）：8本
さびた針金（太さ0.55㎜、長さ260㎜）：1本
金ヤスリ、クラフトハサミ、アクリル絵の具（白と茶色）、
ニス（耐候性タイプとつや消しタイプ）、
筆、トレイ、カッターマット

パーツを作る

1 ウッドマドラーの丸くなっている端を山形に切る。

2 1をクラフトハサミで長さ60㎜に切る。切り口が斜めになるようにする。これを2本用意する。

3 内側の短いフェンスを切る。まずウッドマドラーの丸くなっているところを山形に切り落とす。

4 3の下側を35㎜で切る。残りの5本も同様に35㎜に切りそろえる。

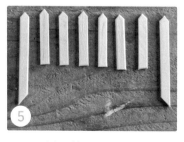

5 マドラーを切り終わったところ。

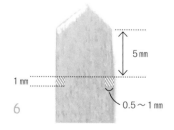

6 上の写真のように、針金でフェンスをとりつけるための溝をつける。

塗料を塗る

7 マドラーをしっかり押さえ、両わきを金やすりで削って溝を作る。

8 溝をつけ終わったところ。

1 フェンスに白いアクリル絵の具を塗る。

組み立てる

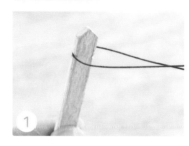
2 アクリル絵の具が乾いてから、アクリル絵の具の茶色を薄く塗って自然な感じにする。

1 端用の長いフェンスを1本持ち、針金を溝に引っかける。

2 針金を4回ねじってしっかり固定する。

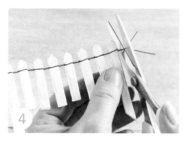
3 内側用の短いフェンスを針金ではさみ、溝に針金をかけて4回ねじる。

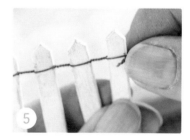
4 短いフェンスを6本つなげたら端用のフェンスをつなげ、数回ねじって余分な針金を切る。

5 針金の端は内側に曲げて隠す。

仕上げる

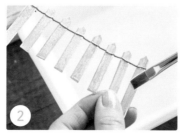
1 防水タイプの耐候性ニスを全体に塗る。

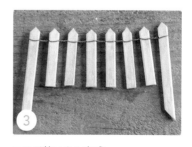
2 1が乾いたらつや消しタイプのニスを塗る。

3 ニスが乾いたら完成。

Recipe 8 切り株のテーブルセット

用意するもの

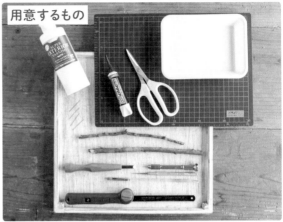

■1組／テーブル1個、イス2個分
小枝（太さ約10㎜、長さ100㎜程度）：1本
針金（太さ0.7㎜、長さ50㎜程度）：3本
クラフトハサミ、ノコギリ、目打ち、ピンバイス、
平刀、カッターマット、接着剤、耐候性ニス、筆、トレイ

テーブルの準備

① 太いほうの小枝の切り口をノコギリで一度平らに切り直してから、厚さ6〜7㎜に切る。

② 切り口が平らなほうを上にする。これがテーブルになる。

イスの準備

① 太いほうの小枝の切り口をノコギリで一度平らに切り直す。

切りすぎに注意

② 1の上から7〜8㎜のところに深さ約½まで切り込みを入れる。　½まで！

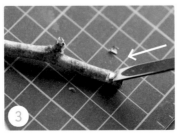

③ 平刀で切り口側から切り込みに向かって枝を削る。

④ 少し削れたら、枝の向きを反対に持ちかえて平刀で先端の枝を削っていく。

⑤ 枝の先端が½まで、きれいに削れた。これがイスの背もたれになる。

⑥ イスの座面の位置から4～5mm下をノコギリで切る。

⑦ イスのパーツができた。同じものをもうひとつ、同様に作る。

パーツを組み立てる

① 目打ちでテーブルの裏側の中央に針金をとりつける位置の印をつける。

② ピンバイスを使い、印をつけたところに深さ3～4mmの穴をあける。

テーブルをうまく使って

③ イスはテーブルの上に逆さまに置いて押さえ、裏側の中央に深さ3mmほどの穴をあける。

④ イスの裏側の穴に接着剤をつける。

⑤ 針金を穴に差し込んで固定する。

⑥ テーブルの裏側の穴にも接着剤をつけ、針金を差し込む。

耐候性ニスを塗って仕上げ

① テーブルの裏側の穴の接着剤が乾いたら、全体に筆で耐候性ニスを塗る。

② イス2脚にも全体にニスを塗る。

③ ニスが乾いたら完成。

Recipe 9 湖ピック

用意するもの

■1個分
UV-LEDレジン液、レジン用着色剤(イエローとブルー)、
レジン用シリコンソフトモールド(80 mm×14 mm×70 mm、
ラウンドタイプのしずく形を使用)、ジェルメディウム、
UV-LEDライト、針金(太さ0.7 mm、長さ50 mm):1本、
竹串、割り箸、ピンバイス、メラミンスポンジ

湖の1層目を作る

つけすぎに注意!

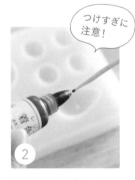

① シリコンソフトモールドの35 mm×20 mmのしずく形に約¼のレジン液を入れる。

② 竹串の先にブルーの着色剤を極少量つける。

③ 2を1に入れてよく混ぜ、薄いブルーにする。

④ UV-LEDライトを当ててレジン液を硬化させる。

湖の2層目を作る

入れすぎない!

① 1層目の上に約¼のレジン液を足し入れる。

② 竹串の先にブルーの着色剤を極少量つけて1のレジン液によく混ぜる。

③ 竹串の先にイエローの着色剤を少量つける。

④ 3を2のレジン液によく混ぜ、淡い青緑色にする。

湖の３層目を作る

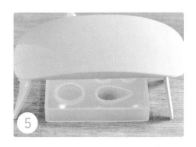

⑤ UV-LEDライトを当ててレジン液を硬化させる。

① 2層目の上に¼〜⅓のレジン液を足し入れる。

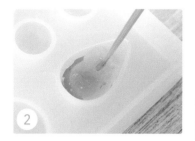

② 竹串の先にブルーの着色剤を少量つけて1のレジン液によく混ぜる。

組み立てと仕上げ

③ UV-LEDライトを当ててレジン液を硬化させる。

④ 固まったらシリコンソフトモールドから取り出す。湖パーツができた。

貫通に注意

① 湖パーツを裏返して厚い部分の中央にピンバイスで深さ3〜5mmの穴を作る。

② 針金の先端にレジン液を1滴つける。

③ 1の穴に2を入れてしっかり差し込む。

④ UV-LEDライトを当ててレジン液を硬化させ、針金と湖パーツを接着する。

⑤ 割り箸の先にジェルメディウムをつけ、4の表面に薄く塗る。

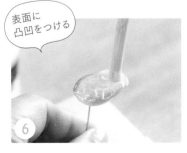

表面に凸凹をつける

⑥ 割り箸の先でトントンと軽く突いて湖にさざ波を立てる。

⑦ そのままメラミンスポンジに差して乾かす。

⑧ ジェルメディウムが乾いて透明になったら完成。

Recipe 10 白いテーブルとガーデンチェア

[白いテーブル]

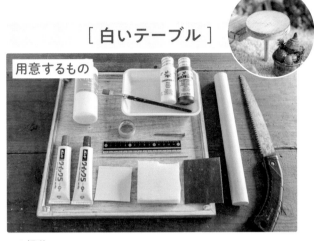

用意するもの

■1個分
丸棒（直径30mm、長さ500mm以上）：1本
丸くぎ（太さ3mm、長さ65mm）：1本、ノコギリ、マスキングテープ、
定規、竹串、紙やすり、アクリル絵の具（白と茶色）、
ニス（つや消しタイプ）、筆、トレイ、牛乳パック、
メラミンスポンジ、エポキシ樹脂系接着剤セット

パーツを作る

① 丸材を測り、5mmの位置に1周、マスキングテープを貼る。

② 1をノコギリでマスキングテープに沿って切る。

③ 紙やすりで2の表面をなめらかにする。

組み立てる

① 牛乳パックを切ってエポキシ樹脂系接着剤のA剤とB剤を1:1で少量出す。

② 1を竹串でよく混ぜる。

くぎの頭よりも多めに

③ 2をたっぷりめにテーブルパーツの後ろ側にのせる。

④ 3に丸くぎの頭を接着する。丸くぎの頭が接着剤に埋まるくらいに。

着色と仕上げ

① 白いアクリル絵の具を塗る。テーブルの裏側やくぎにも塗る。

② 1をメラミンスポンジに差してアクリル絵の具を乾かす。

③ アクリル絵の具の茶色を薄く塗って自然な感じにする。

④ アクリル絵の具が乾いたら、全体につや消しタイプのニスを塗る。

⑤ つや消しタイプのニスが乾いたらテーブルが完成。

［ ガーデンチェア ］

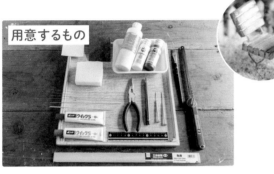

用意するもの

■1個分
角棒（45mm×5mm×24mm）：1本
針金（太さ0.55mm×220mm）：1本
針金（太さ1.2mm×200mm）：1本
金切りノコギリ、ラジオペンチ、定規、竹串、
ピンバイス（1.2）、ペン、アクリル絵の具（白と茶色）、
ニス（つや消しタイプ）、筆、トレイ、牛乳パック、
紙やすり、メラミンスポンジ、エポキシ樹脂系接着剤セット

パーツを作る

① 角材に18mm×24mm、24mm×24mmの印をつけ、それぞれ4等分、5等分に線を引く。

② ノコギリでそれぞれのパーツを切る。

③ 紙やすりで2の表面や角をなめらかにする。

④ 切りすぎに注意

ノコギリで慎重に各パーツの線の上に浅い溝を作る。

⑤ 4の左右の側面にも浅い溝を作る。

背もたれ　座面

⑥ イスのパーツができた。大きいほうが座面で小さいほうが背もたれになる。

組み立てる

① イスのパーツの座面と背もたれをつなぐために写真のように穴をあける位置を決める。

② ピンバイスで深さ2mmくらいの穴を、印をつけた4カ所にあける。

③ 座面の両端の溝に0.55mmの針金をひっかけ、下に引っ張る。

4 3で溝にひっかけた針金の裏面に、もう1本針金を通す。

5 接している2本の針金をまとめてねじる。もう2組の針金も同様にねじる。

6 反対側も**3〜5**と同様にする。

7 前と後ろの針金を交差するようにまとめて2回ねじり、写真のように整える。

8 背もたれのパーツの穴に太いほうの針金を入れて、長さを調整しながら切る。

9 座面と背もたれを仮に組んでみて、高さやバランスを確認する。

10 いったん針金を抜き、ラジオペンチで針金に好みの角度をつける。

11 エポキシ樹脂系接着剤のA剤とB剤を少量、1:1の割合で牛乳パックに出し、竹串でよく混ぜて座面の穴につける。

着色と仕上げ

12 **10**の針金を穴に差し込んで接着する。

13 背もたれの穴にも同様に接着剤をつけ、イスを組み立てる。

1 全体にアクリル絵の具の白を塗る。

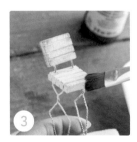

2 針金や裏面、側面も忘れずにすべて白く塗る。

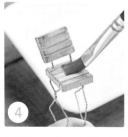

3 **2**が乾いたら茶色のアクリル絵の具をうっすらと塗り、自然な感じにする。

4 **3**が乾いたらつや消しタイプのニスを全体に塗る。

5 余分な針金をラジオペンチで切りそろえる。用土に差すので好みの長さに。

6 つや消しタイプのニスが完全に乾いたら完成。

How to make　難易度 ＊　作業時間●約30分

Recipe 11 **洗濯物ピック**

用意するもの

■1個分
柄がある布（7mm×10mm）：5枚
小枝（太さ約2mm、
　　　長さ100mm程度）：2本
針金（太さ0.3mm、長さ180mm）、
クラフトハサミ、ラジオペンチ、
両面テープ（幅10mm）、
耐候性ニス、筆、トレイ

物干し台を作る

1

約70mm

下側の
切り口は
斜めに

2本の小枝を約70mmに切る。

2

1の片方の枝に針金を巻きつけ、もう1
本に反対側から針金を巻く。

3

約35mm

針金を巻きつけて間隔を約35mmに固定
し、余った針金をラジオペンチで切る。

4

針金の端をラジオペンチ
で内側に隠してつぶす。
反対側も同様につぶす。

洗濯物パーツの準備

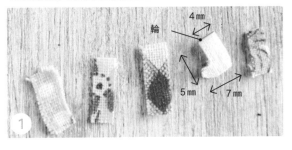

1

輪

4mm

5mm

7mm

お気に入りの柄の布を5mm×
10mm程度で4枚切る。各サ
イズは均等の必要はなく、意
図的に上下の幅を変えて靴
下の洗濯物を作り、遊び心
を楽しむ。ほつれた糸は切り
戻す。

組み立てと仕上げ

2

両面テープを約5mmに切
り、1の裏側の全面に1
枚ずつ貼る。

貼るときに
ずれないように

1

洗濯物パーツの両面テープをはがし、
物干し台の針金に干すようにはさんで
圧着する。

2

1の表面の全体に耐
候性ニスを塗る。

ニスを塗ると
長もち

3

メラミンスポンジに2を差
して乾かし、耐候性ニス
が乾いたら完成。

箱庭のリフォームとメンテナンス

多肉植物を植えた箱庭は、置き場所や管理の仕方にもよりますが、
長く育てていると生育状態が変わってきたり、ミニチュアグッズが古びてきたりします。
リフォームやメンテナンスをして、いきいきとした姿にしてあげましょう。

多肉植物の
メンテナンスに使うもの

サボテン・多肉植物用土、
ゼオライト、サンゴ砂、土入れ、
ピンセット（大と小）、ハサミ、
霧吹き、ブロアー

苗／セダム ゴールデンカーペット、
セダム アクレアウレウム、
エケベリアやグラプトペタルム
など

箱庭の
リフォームに使うもの

アクリル絵の具（白）、
耐候性ニス、
筆、トレイ、メラミンスポンジ

傷んだ多肉植物を抜き取る

株元の古い葉が茶色くなっていたり、
傷んで黒ずんでいたら、株ごと抜き
取ってピンセットで取り除く。

傷んだ葉をすべて取り除いたら、すっ
きりときれいになった。

傷んだ葉は処分し、きれいになった苗
は植えかえまでの間、乾かしておく。

ミニチュアグッズをはずす

傷みかけているテーブルセットなどを
ていねいに抜く。

退色したフェンスやピックなどをとりは
ずす。

左側にまとめたのがメンテナンスする
もの。きれいなものは残してそのまま
使用する。

ミニチュアグッズの手入れ

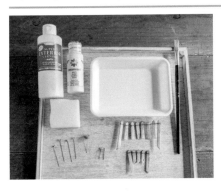

用意するもの

アクリル絵の具（白）、
耐候性ニス、
筆、トレイ、メラミンスポンジ
傷んだピック、ウッドフェンス、
イスとテーブル、
ちょうちょうピックなど

※はずしてから水洗いをし、
乾燥させておく。

白く塗装をする

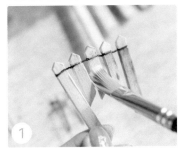

① ウッドフェンスの木部に白いアクリル絵の具を全体に塗る。

② メラミンスポンジに差して乾かす。

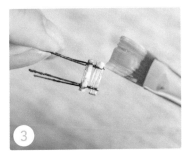

③ 木のイスも木部の全体にアクリル絵の具を塗る。

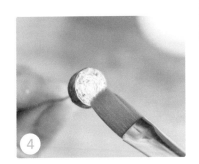

④ テーブルの木部に白いアクリル絵の具を塗る。

ニスを塗って防水と紫外線対策

① アクリル絵の具が乾いたら、テーブルに耐候性ニスを塗る。

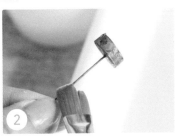

② 裏側と針金にも耐候性ニスをまんべんなく塗る。

③ イスにも木部をふくめて針金にも耐候性ニスを塗る。

④ ウッドフェンスも全体に耐候性ニスをむらなく塗る。

⑤ ちょうちょうピックの全体に耐候性ニスを塗る。

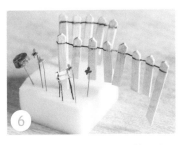

⑥ メラミンスポンジに差してよく乾かす。

伸びすぎた苗の切り戻し

1 箱庭で大きく育ったセダム レフレクサムを切り戻す。

2 ほかにも伸びすぎてバランスが悪くなった多肉植物を切り戻す。

3 切ったものは挿し穂に使えるので、そのまま切り口を乾かしておく。

4 エケベリアやグラプトペタルムの茎が伸びすぎたものは、株元の近くで切り戻す。

5 切り戻したものは苗として植えつけられるので、とっておく。

6 そのまま使うものは残しておく。これで箱庭の整理ができた。

土台の修復

1 苗を抜いたり用土が減った部分に、土入れで用土を少しずつ足し入れる。

2 いったん教会をはずし、土入れの背を使って、入れた用土を平らにならす。

3 2の上からゼオライトを薄く足し入れる。

4 ピンセットの背を使い、**3**の表面を平らにする。

5 **4**の上からサンゴ砂を均一に足し入れる。

6 残した苗の株元までサンゴ砂を均一にのばし、平らにならす。

主なミニチュアグッズを配置

教会を戻し、ウッドフェンスを器の形に沿って曲げ、右側の縁に差し込んで配置する。

教会の右側にイスを差し込む。

多肉植物を植えつける

イスの手前にテーブルを配置する。

主なミニチュアグッズが配置できた。

セダムなどの切り戻した苗をピンセットではさんで植えつける。

サンゴ砂を霧吹きの水で湿らせて用土を固め、落ち着かせる。

エケベリアの苗を植えつける位置にピンセットで穴をあける。

茎をピンセットではさんで2の穴に苗を植えつける。

フェンスの手前側などに細かいピンセットでセダムを植え足していく。

ミニチュアグッズの仕上げ

ちょうちょうピックを差すときは針金を斜めに差すと、優雅に舞っているように見える。

リフォームとメンテナンスが完了

多肉植物がいきいきとして、ミニチュアグッズも美しく映えるようになった。

材料の購入先とオンラインショップ

箱庭の材料は、ホームセンターやガーデンセンター、園芸店や手芸店などで入手できます。

箱庭におすすめの材料

多肉植物とドライフラワーで箱庭を作るときに、特におすすめしたい材料をご紹介します。

接着剤
パワーエース速乾
アクリアstick

ドライフラワーやモスなどの接着に便利。画材店のほか、Amazonでも購入できます。

UV-LEDレジン液
星の雫

透明度が高く、硬化時間も短いので、きれいなレジン作品になります。ユザワヤやアークオアシス、Amazonなどで購入できます。

耐候性ニス
スーパーエクステリア
マットバーニッシュ

つや消し・耐候性(防水や紫外線対策)タイプのニスで、画材店やビバホーム内のアークオアシス、Amazonなどで購入できます。

プリンカップ、ケーキ型など
アルミやブリキの
薄手のもの

スーパーやホームセンターなどの大型量販店の調理器具売り場で購入可能です。スーパーやキッチン用品店、Amazonでも購入できます。

主な材料の入手先

ミニチュアグッズに使用する
「針金　木材　ニスや塗料　工具類」

ホームセンター、画材屋、手芸店(ユザワヤなど)

ミニチュアリースなどに使う
「フローラルワイヤ　ガラス容器　ドライフラワー」

花材屋(ディスプレイミュージアム、ユザワヤ、アークオアシスなど)

サボテンや多肉植物と用土など

ホームセンター、ガーデンセンター、園芸店、サボテン・多肉植物専門店

雑貨店やアンティークショップで小さめのカップなどをみつけたら、箱庭の器に使うとかわいい。

バルーンピック

超ミニミニ
ハウスピック

くるみガーデン オンラインショップ

https://kurumigarden.shop/

ミニチュアグッズや箱庭キット、箱庭の完成品をオンラインショップで購入できます。
ほかにも用土やガーデングッズ、アンティーク雑貨など、くるみガーデンの世界を楽しめるアイテムを扱っています。
ミニミニハウスやピック類は人気があり、また「うさみみちゃん」などの人気作品も不定期で販売しています。

看板ピック

ミニミニハウス

イベントやワークショップ

箱庭に触れて、小ささや楽しさを実感できるイベントや、箱庭作りを楽しく学べるワークショップをご紹介します。

おすすめの イベント

迫力あるジオラマなど、展示内容も充実している。

■ 作品展

TOKYO FANTASTIC201（にーまるいち）
〈東京（表参道）〉
https://tokyofantastic.jp/tokyofantastic201
この5年間、毎年冬季（2〜3月）に2週間ほどの期間で開催しています。

f.e.i art gallery
〈横浜〉
Instagram @hideharu_fukasaku_gallery
3年間、毎年冬季（年末）に2週間くらいの期間で開催しています。

ミニチュア写真の世界展
https://tgs.jp.net/
TODAYS GALLERY STUDIO.：東京（浅草橋）、名古屋、福岡ほか、全国の商業施設で不定期に開催しています。過去2年間、各会場で4〜11月に参加。2023年は東京（浅草橋）（4月7日〜5月14日）、名古屋（5月27日〜6月25日）での参加が決定しています。

ワーク ショップ

箱庭作りを教えてくれる教室です。作家さんから直接作り方のコツを教えてもらえます。同じ趣味の仲間ができるのも、ワークショップの魅力です。夢中になって作品作りに没頭できます。多肉植物の育て方の講習もあります。

朝日カルチャーセンター 〈横浜 立川 新宿教室〉
https://www.asahiculture.jp/
上記のいずれかの教室で
3カ月に1〜2回程度開催しています。

和気あいあいとした雰囲気で、楽しく箱庭作りができる。席をまわっていねいに教えてくれる。協力／朝日カルチャーセンター新宿教室

色鮮やかでいきいきした苗がいっぱい。ポット苗は迫力の美しさ。

→先生の完成見本。参考にしながら自分だけの箱庭を作れる。

ワークショップでは、当日作る箱庭の材料と用具がセットになっている。

ワークショップでは、ミニチュアグッズやキットの販売もある。箱庭の展示もあり、実際にいろいろな箱庭を見ることもできる。

Afterword

森では小鳥や動物たちが楽しそうに遊び、
お花畑にはちょうちょうたち、
小さな庭での幸せな時間……。
そんな景色に憧れて作品を作っています。
また、この庭でお会いできますように。

くるみガーデン くるみ*
Kurumi garden

＊本書に掲載のミニチュアグッズやアレンジメント、寄せ植えなどを
　販売目的で模倣するのは固くお断りします。

STAFF

装丁・本文デザイン／矢作裕佳（sola design）
撮影／柴田和宣（主婦の友社）
写真協力／くるみガーデン くるみ*、澤泉美智子
取材協力／高津達哉
校正／大塚美紀（聚珍社）
企画・編集／澤泉美智子（澤泉ブレインズオフィス）
編集担当／松本享子（主婦の友社）

多肉植物とドライフラワーの

ミニチュアガーデン

2023年5月31日　第1刷発行
2024年3月10日　第3刷発行

著　者　くるみガーデン くるみ*
発行者　平野健一
発行所　株式会社主婦の友社
　　　　〒141-0021
　　　　東京都品川区上大崎3-1-1　目黒セントラルスクエア
　　　　電話　03-5280-7537（内容・不良品などの
　　　　　　　　　　　　　　　お問い合わせ）
　　　　　　　049-259-1236（販売）
印刷所　大日本印刷株式会社

© Kurumi Garden　Kurumi* 2023　Printed in Japan
ISBN978-4-07-454422-6